Valoriser
le capital immatériel
de l'entreprise

Groupe Eyrolles
Éditions d'Organisation
61, bd Saint-Germain
75240 Paris Cedex 05

www.editions-organisation.com
www.editions-eyrolles.com

DES MÊMES AUTEURS

Alan Fustec, Bruno Ghenassia, *Votre informatique est-elle rentable?*, Éditions d'Organisation, 2004.

Alan Fustec, Jacques Fradin, *L'entreprise neuronale*, Éditions d'Organisation, 2001.

Alan Fustec, Jean-François Gautier, *Informatique de compétition*, éd. Hermès, 1997.

Bernard Marois, Patrick Bompoint, *Gouvernement d'entreprise et communication financière*, éd. Economica, coll. «Connaissance de la gestion», 2004.

Bernard Marois, Ephraïm Clarck, Joëlle Cernès, *Le management des risques internationaux*, éd. Economica, coll. «Gestion», 2001.

Bernard Marois, Marie-Ange Andrieux, Rodolphe Durand, *Chômage et relance de l'emploi*, éd. Economica, 1997.

Bernard Marois, Jean Klein, *Gestion financière multinationale*, éd. Economica, 1996.

Bernard Marois, Philippe Favre, *Comment acquérir une entreprise en France ou à l'étranger*, éd. Dunod, 1992.

Alan Fustec   Bernard Marois

Valoriser
le capital immatériel
de l'entreprise

Éditions
d'Organisation

Remerciements

Nous tenons à remercier Emmanuel Antmann et Christophe Rouvière pour leurs conseils avisés lors de la rédaction de ce livre.

Sommaire

Partie 1

Les fondamentaux

Chapitre 1

La nouvelle économie
est là

Nous vivons dans une économie qui a considérablement changé en l'espace de seulement quinze ans. C'est en effet au début des années 1990 que les économies occidentales sont entrées dans l'ère de l'information.

Qu'est-ce à dire au juste ? En quoi cette ère diffère-t-elle de la précédente, l'ère industrielle ? N'est-ce pas simplement un constat d'intellectuel sans grande conséquence sur notre quotidien ? À l'évidence, non. Les bouleversements sont nombreux et nous imposent de reconsidérer nos modes de pensée et d'action. Voici donc un portrait robot de cette nouvelle économie.

La société post-industrielle

C'est au début des années 1990 que le nombre d'entreprises de services a dépassé le nombre d'entreprises industrielles. Au même moment, le nombre de ventes d'ordinateurs dépassait celui des ventes de voiture : tout un symbole illustrant bien le changement d'ère. Dans toutes les économies occidentales, le poids des services représente deux tiers du PNB et le nombre d'emplois industriels ne cesse de baisser. Ainsi, selon les statistiques du ministère du Travail, l'emploi industriel est passé en France de 5,3 millions en 1980 à 3,8 millions en 2002 et cette tendance est observée partout en Occident. En outre, les entreprises industrielles elles-mêmes se «tertiarisent» : de nombreuses activités de services s'y développent, à destination des clients d'une part, mais également à usage interne, ce que certains appellent le

« tertiel ». Il s'agit du développement des départements fonctionnels : finance, marketing, organisation, informatique ou de l'encadrement – managers hiérarchiques et fonctionnels présents dans les organisations matricielles. Ces activités viennent encore diminuer la part purement manufacturière, donc matérielle de l'activité industrielle.

Cette évolution ne doit pas être assimilée à un déclin car, malgré des difficultés économiques persistantes et connues, le niveau moyen de richesse des pays concernés ne cesse de croître comme le montre le schéma ci-dessous. En effet, la croissance annuelle du PIB (de la richesse) est positive dans la zone euro.

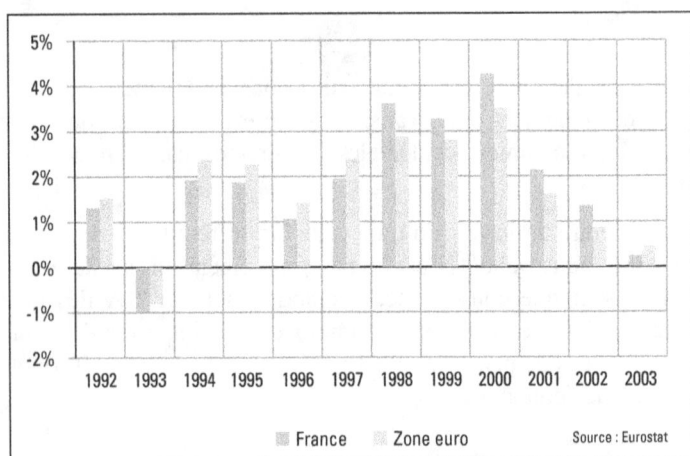

Figure 1.1 : Croissance du PIB, en pourcentage, en France et dans la zone euro.

Comme le montre le graphique, même dans des périodes jugées difficiles, comme en 2003, le PIB croît. Entre 1990 et 2005, la croissance n'aura été négative qu'en 1993.

Les cinq grandes caractéristiques de l'ère post-industrielle

De nouvelles règles du jeu économique apparaissent derrière ces caractéristiques visibles. L'entreprise qui veut réussir durablement ne peut donc pas les ignorer.

Le monde rétrécit

Nous vivons dans un monde de plus en plus petit. Les moyens de transport sont puissants, l'énergie est (encore) bon marché et nombre de barrières à la libre circulation de l'information et des biens ont disparu ou se sont estompées.

Actuellement, la nourriture présente dans l'assiette d'un Européen a, en moyenne, parcouru 4 000 km. Des pommes de terres des Pays-Bas sont lavées et épluchées en Italie pour être ensuite vendues aux Pays-Bas ! Des exemples de ce type sont monnaie courante aujourd'hui.

Depuis la création du Gatt en 1947, huit cycles de libéralisation du commerce mondial se sont succédé. Le dernier d'entre eux (l'Uruguay Round) a donné naissance, en 1994, lors du sommet de Marrakech à l'Organisation Mondiale du Commerce (OMC). Aux cours de ces 58 ans, le commerce de marchandises a crû de 6 % par an en moyenne, ce qui signifie une multiplication par 30 des volumes échangés sur cette période[1]. Ainsi s'échange-t-il aujourd'hui dans le monde, en douze jours, le même volume de marchandises que pendant toute une année, juste après la Seconde Guerre mondiale.

Comme l'explique Jean-Luc Wingert dans son livre, *La vie après le pétrole*, les pénuries à venir d'énergies fossiles perturberont la circulation intensive des marchandises dans le futur et nous observerons probablement à l'horizon 2010-2020 des relocalisations partielles. Mais, dans une certaine mesure seulement, *« même avec un baril de pétrole à 250 dollars, la partie maritime du transport d'un produit fini textile entre la Chine et l'Europe n'atteindrait pas 1 euro (aujourd'hui, 0,02 euro) »* !

Nous pouvons également parier que «la fin du pétrole» entraînera une évolution rapide d'autres solutions de transport et que les flux mondiaux du commerce, même s'ils se réduisent temporairement, resteront à des niveaux élevés.

À ces réalités matérielles, il convient d'ajouter l'augmentation des échanges immatériels où l'informatique, les télécommunications et, plus récemment, Internet ont entraîné, sur une courte période de quelques décennies, une formidable révolution, dont les vagues successives ont des amplitudes croissantes : révolution informatique dans les années 1960, révolution micro-informatique dans les années 1980 et révolution Internet à partir de 1994.

---

1. *Croissance du commerce mondial : source OMC.*

À ce jour, par Internet, nous échangeons, sans délai, contrats, factures ou paiements avec nos partenaires économiques. Tout cela était inenvisageable, il y a seulement sept ou huit ans.

En outre, la dématérialisation de l'économie, qui augmente les échanges dans des proportions délirantes par rapport aux échanges matériels, ne cesse de se développer. Certes, il y a eu la bulle Internet, puis la crise de la net économie au tournant des années 2000, mais la tendance de fond n'en est pas moins forte : logiciels, musique, films, conseils, achats de biens et de services... le commerce en ligne explose. En effet, selon la Fédération des Entreprises de Vente à Distance[1] (Fevad), le commerce en ligne a progressé de 61 % entre 2001 et 2002 et de 55 % entre 2002 et 2003. Ces chiffres méritent la plus grande considération puisqu'ils correspondent aux deux années de contrecoup de l'explosion de la bulle Internet.

Le temps se contracte

La facilité et la rapidité des échanges, qui sont des caractéristiques majeures de la société post-moderne, ont des conséquences toutes aussi importantes. Le monde va de plus en plus vite. Le temps se contracte et, par conséquent, la réactivité devient une clé de la réussite économique.

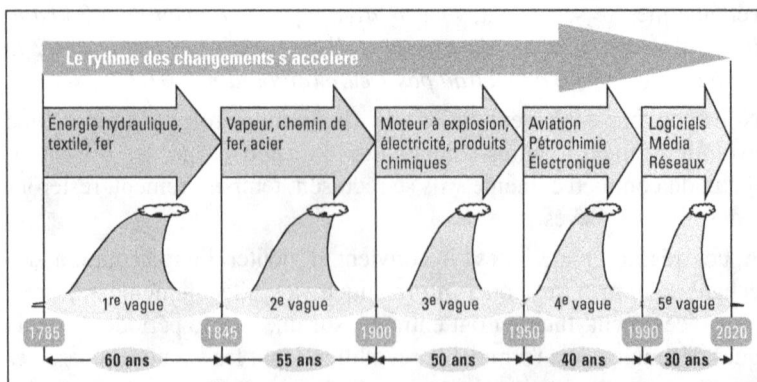

Figure 1.2 : Accélération des changements économiques *(source :* The Economist*).*

1. Croissance du e-commerce 2002 et 2003.

Comme le montre le schéma 1.2, le temps laissé aux entreprises pour maîtriser les nouvelles technologies avant que d'autres les supplantent est de plus en plus limité. En outre, dans une économie basée sur le savoir, l'exigence d'innovation rapide ne cesse de croître. L'entreprise vit au quotidien une double course : course à l'innovation dans son domaine, course pour s'adapter aux innovations issues d'autres disciplines.

Le monde est à la fois complexe et compliqué

Il y a une différence entre le complexe et le compliqué. La théorie de la relativité est compliquée en ce sens qu'elle exige, pour être comprise, un gros effort d'abstraction. La circulation sur le boulevard périphérique est complexe. En effet, chaque élément la constituant (des véhicules en circulation) est simple à comprendre, mais le nombre des interactions rend le phénomène difficile à modéliser et à prévoir. Ici, l'effort intellectuel requis relève plus de l'analyse itérative et de la capacité d'intégrer des réactions de propagation que de l'abstraction.

Notre monde présente ces deux caractéristiques. La sophistication de chacun de ses éléments augmente et les interactions se multiplient.

Dans les années 1980, il n'y avait pas une seule ligne de programme informatique dans un radio-téléphone. La technologie était basée sur l'électronique analogique. En 2005, le téléphone portable d'entrée de gamme dispose d'un logiciel embarqué dont la taille est de l'ordre de 100 000 lignes de programme. Voici un bel exemple de complication.

À la fin des années 1980, il y avait 23 millions d'utilisateurs du téléphone portable dans le monde. En 2005, ce chiffre[1] dépasse 1,5 milliard, ce qui donne une idée de la complexité du réseau relationnel entre ces individus (même si chacun n'appelle pas tous les autres !).

Le développement des connaissances est à la fois la cause et la conséquence de cette quatrième réalité, à tel point que la croissance de la quantité de savoir disponible dans le monde donne le vertige. Selon une étude de la base de données bibliographiques Pascal[2] du CNRS, la production scientifique mondiale double tous les dix ans !

La conséquence directe de cette évolution est que la maîtrise de la connaissance devient un nouveau défi. Dans les années 1970, les étu-

---

1. « Évolution du nombre d'abonnés au téléphone », *ART télécom.*
2. Étude Pascal, CNRS.

des de médecine duraient sept ans en France. Leur durée a augmenté de plus de 40 % en vingt ans. Est-il envisageable de poursuivre dans cette voie ? Probablement pas indéfiniment.

Si cette prise de conscience doit nous pousser à envisager des révolutions dans le domaine de l'éducation, elle nous conduit aussi à une autre conclusion : la complexité de l'économie post-industrielle impose de travailler dans la durée. Il faut cinq ans pour former un bon ingénieur dans une entreprise de pointe, dix ans pour mettre au point le principe actif d'un nouveau médicament. Le complexe et le compliqué nécessitent beaucoup de temps alors que le temps est comprimé selon la seconde réalité.

La création de richesse est basée sur le savoir

Ce qui fait la valeur d'un téléphone portable ou d'un ordinateur dépend très peu de la quantité de matière utilisée, mais bien de toute la connaissance ayant permis d'en faire des instruments aussi remarquables[1].

Avec du sable et un peu de connaissance, il est possible de fabriquer un revêtement de sol perméable sur un chemin, évitant ainsi la formation de boue en cas de pluie. Le terrassier qui réalise ce travail ne le vend pas très cher. C'est une pratique très ancienne qui date de l'ère de l'agriculture.

Avec du sable et un peu plus de connaissance, il est possible de fabriquer du verre, utilisé pour réaliser des récipients ou des vitres. C'est une pratique moins ancienne qui a connu un grand essor à l'ère industrielle. Ce type de transformation du sable se vend plus cher.

Avec du sable et des connaissances sophistiquées et actuelles, on fabrique des microprocesseurs. Ce type de produit se vend très cher et marque le début de l'ère du savoir.

Il est utile de souligner ici que c'est bien le savoir et non l'information qui constitue la nouvelle source de richesses. En effet, les termes d'ère

---

1. On peut imaginer, avec la raréfaction des matières premières (les réserves mondiales de nickel, de cuivre, de plomb et de zinc se chiffrent, comme celles du pétrole, en décennies), qu'un retour en force de la valeur du «matériel» s'opère au XXIe siècle. Mais ces pénuries annoncées entraîneront le développement de nouvelles solutions basées sur la connaissance (nanotechnologies, biotechnologies, etc.), ce qui ne remet pas en cause la montée en puissance de l'immatériel dans les économies de demain.

de l'information ou d'économie de l'information, si souvent utilisés à tort, poussent à des erreurs de raisonnement car, si le savoir est une richesse, l'information est souvent une nuisance.

Karl Erick Sveiby l'a très bien décrit dans son livre, *La nouvelle richesse des entreprises,* et nous reprenons ici ses brillantes réflexions. Comme il le montre en effet :

- l'information est pléthorique : nous vivons dans un déluge permanent d'informations et nos cerveaux saturés s'y noient. Il suffit pour s'en convaincre de dénombrer le nombre de chaînes de télévision, de photocopies faites dans une grande entreprise en une journée, de mails que nous recevons chaque jour ;

- le savoir est synthétique : il permet la décision et l'action. Considérons, par exemple, tout le savoir accumulé dans le geste du chirurgien qui opère, ou dans celui de l'avocat qui plaide ;

- l'information est facile à transmettre : en quelques minutes, nous pouvons déposer sur votre bureau tous les cours nécessaires pour devenir astrophysicien ;

- le savoir est difficile à transmettre : il faut cinq ans d'études à un bachelier scientifique de très bon niveau pour devenir astrophysicien ;

- l'information en soi n'a pas de réelle valeur : si je dis à mon fils de quatorze ans que le cours de bourse de ma société est à 10 euros, il n'en fera rien. Il n'a pas la connaissance nécessaire pour en déduire quelque chose ;

- le savoir, lui, a de la valeur : si je dis à un analyste financier que mon cours de bourse est à 10 euros, il en déduira qu'il faut acheter, garder ou vendre. Ce sont ses connaissances qui donnent de la valeur à cette information.

L'économie devient immatérielle

Nous avons donc basculé, depuis un peu plus d'une décennie, dans une économie à dominante immatérielle. Certes, le processus évolutif qui a conduit à ce changement est très long. D'un certain point de vue, le fait d'affirmer que nous sommes entrés dans l'ère de l'intangible est discutable, car le poids des services comporte une grande part de prestations pour l'industrie. L'externalisation et la sous-traitance ne doivent donc pas effacer le caractère industriel de nombreuses activités. Mais ne rentrons pas dans des débats de frontières entre ce qui est industriel et ce qui ne l'est pas. Cela ne serait pas très pertinent car le caractère immatériel des économies modernes vient pour beaucoup du fait que la création de valeur est basée sur la connaissance (quatrième réalité) et, de plus en plus, sur le développement des services. Ces deux réalités concernent l'industrie au premier chef. Les exemples précités (ce qui fait la valeur d'un téléphone mobile, les usages du sable à travers le temps, le développement du «tertiel», etc.) montrent bien que même l'industrie devient immatérielle.

Une vérité économique première émerge de cette prise de conscience : 100 % de l'avantage concurrentiel d'une entreprise – même industrielle – est immatériel. Il est de plus en plus rare, en effet, que la différence se fasse sur la matière. Le déclin de Talbot, le succès de Renault, le rebond de Nissan ne sont basés ni sur la quantité, ni sur un supplément de qualité des matériaux employés pour produire les voitures ou les lignes de fabrication.

Dès lors, il est crucial pour l'investisseur, le dirigeant ou le manager d'aujourd'hui de bien comprendre en quoi le monde a changé, afin de bien s'y adapter.

À l'aube de l'ère industrielle, en 1876, Adam Smith captivait la pensée occidentale en écrivant un ouvrage magistral, *La richesse des nations,* très structurant pour le développement économique du siècle suivant. Il est temps maintenant d'écrire la suite : la nouvelle richesse des nations (voir partie 3).

Des économistes de renom, comme Paul Romer ou Brian Arthur, sont engagés dans ce courant. Ils nous apprennent notamment que, dans cette nouvelle économie, une large part des activités n'est plus tributaire de la loi des rendements décroissants ou du coût marginal croissant, développée par Turgot, Marx ou Ricardo. Cette loi, principe de base du capitalisme industriel, indique que, pour un état donné des techniques, si l'on utilise une quantité croissante d'un facteur, les autres étant fixes, la productivité marginale de ce facteur finit par décroître. En substance, cela signifie que l'accroissement de la production est en moyenne moins important que l'accroissement des facteurs de production et que les marges s'érodent avec le temps. C'est ce qui pousse les entreprises à faire des économies d'échelle et à se concentrer pour survivre. Ainsi, par exemple, dans le domaine automobile, il n'y a plus que deux constructeurs en France.

Le succès de Microsoft illustre le changement qui s'opère sous nos yeux. Ce géant du logiciel n'est que très faiblement soumis à la loi des rendements décroissants, car vendre 10 000 ou 300 000 copies d'un logiciel change peu la structure de l'entreprise. C'est encore plus vrai pour les entreprises de logiciel qui vendent leurs produits en ligne par téléchargement : le développement des ventes (accroissement de la production) n'impose quasiment pas d'augmentation des moyens nécessaires à la production (facteurs de production).

Les entreprises basées sur le savoir (cabinets de conseil, d'avocats, SSII, agences de publicité ou sociétés de production audiovisuelle) ne sont donc que faiblement, voire pas du tout, contraintes par cette loi. Bonne nouvelle pour les PME du savoir, elles peuvent durablement rivaliser avec les plus grandes !

Mais cette dématérialisation de l'économie a de multiples autres caractéristiques. Autrefois, les entreprises industrielles offraient des services pour vendre leurs produits. Maintenant, c'est quasiment le contraire : les produits sont offerts pour vendre le service et c'est sur les services que se font les marges. Même les entreprises industrielles deviennent des sociétés de services. La grande mutation du géant IBM depuis le milieu des années 1990 en est un exemple. IGS (IBM Global Services) est une société de services qui parfois vend aussi des ordinateurs ! Souvenons-nous également de la fin des années 1990 et de la stratégie commerciale de plusieurs fournisseurs d'accès à Internet (Infonie, Netclic, etc.) qui offraient un ordinateur à des prix très bas (quelques centaines d'euros) pour fidéliser leur clientèle à la location de leurs services. C'est aussi ce que les opérateurs de téléphonie mobile ont fait.

Les changements ne s'arrêtent pas là. Dans cette nouvelle économie, le mécanisme de création de richesse est radicalement différent. À l'inverse des ressources matérielles, le savoir s'accroît quand il est partagé. Si je donne un produit à mon vis-à-vis, je ne l'ai plus. Mais si je transmets mon savoir, je l'ai toujours. En outre, je m'enrichis dans l'échange de savoir : le consultant accroît son expertise en prodiguant ses conseils à ses clients, le médecin accroît son expertise en soignant ses malades, etc.

Brian Arthur, Paul Romer et d'autres ont montré qu'une économie du savoir offre des ressources illimitées, car la capacité humaine à créer du savoir est infinie. Il existe donc une perspective de croissance continue dans une économie du savoir.

Mais nous avons encore du mal à accepter que le moteur de l'économie
(qui est la volonté d'acheter) puisse être fondé sur de l'immatériel.
Cela vient du fait que nous sommes conditionnés par deux siècles de
pensée industrielle. Pourtant, ce qui fait la différence entre la Ford T et
la Ford Focus est immatériel à 90 %.

Chapitre 2

Qu'est-ce que le capital immatériel?

Alors que nous entrions dans l'ère de la connaissance, une nouvelle discipline, appelée le «capital immatériel de l'entreprise», naissait en Suède. Il s'agit de la science de mesure de la valeur économique «intangible». Les premiers auteurs à avoir publié sur le capital immatériel sont Karl Erick Sveiby et Leif Edvinsson[1]. Ce dernier était l'un des dirigeants, à l'époque, de la compagnie d'assurance Skandia, pour laquelle il mit au point un modèle de mesure de la valeur immatérielle de son entreprise, le «Navigateur». Ce modèle est présenté dans le livre *Le Capital Immatériel de l'Entreprise*.

Une définition

Le capital immatériel peut être expliqué en une phrase simple. Il s'agit de toute la richesse de l'entreprise qui ne se lit pas dans les états financiers. De manière intuitive et empirique, les marchés financiers valorisent depuis longtemps le capital immatériel. Ainsi, le schéma ci-dessous montre l'évolution sur vingt-cinq ans du rapport moyen entre la valeur de transaction des entreprises (capitalisation boursière) et leur valeur nette comptable (valeur de bilan) à la bourse de New York (indice Standard and Poor's 500). Ce ratio s'appelle le *Price to Book Ratio* (PBR). La lecture de ce graphique, très éclairante, montre que les entreprises avaient une valeur marchande à peu près égale à leur valeur comptable à la fin

---

1. Pour une présentation historique du concept de « capital immatériel », se reporter à « Création de valeur et capital immatériel », étude n° 45, Club Finance Internationale, groupe HEC, 2000.

des années 1970, alors que ce rapport est aujourd'hui de l'ordre de 3. En un quart de siècle, ce ratio a triplé. Il traduit une situation qui interpelle : deux tiers de la valeur des entreprises ne se lit plus dans leurs comptes !

Figure 2.1 : Évolution du *Price to Book Ratio* de l'indice Standard and Poor's 500 sur vingt-cinq ans *(source: Ned Davis Research)*.

En France, la tendance est analogue, même si l'amplitude du phénomène est pour l'heure moins importante. En 2006, le PBR des entreprises du CAC 40 est en effet de 2,6, comme le montre le schéma ci-dessous.

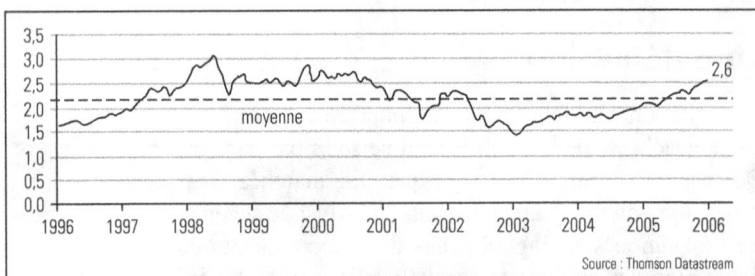

Figure 2.2 : Évolution du *PBR* de l'indice CAC 40 depuis 1996 *(source : Thomson Datastream)*.

Au-delà de ces moyennes, les niveaux de PBR atteints par certaines entreprises donnent toutefois à réfléchir. Voici quelques valeurs[1] phares, échantillonnées en 2004, qui sont durablement élevées :

---

1. *Source : Thomson Datastream.*

- Dell : 15 ;
- Glaxo Smithklyne : 9 ;
- TF1 : 5 ;
- Publicis : 5 ;
- L'Oréal : 4 ;
- Carrefour : 4.

À la lumière de ces informations, nous posons dans la suite de l'exposé que, en moyenne, la valeur des entreprises cotées est potentiellement immatérielle aux deux tiers. Ce ratio correspond à peu près à celui du S & P 500 pour 2005, mais se trouve très en-deçà des valorisations les plus élevées (voir ci-dessus). Ces valeurs montrent, en outre, que le champ de progression dans le domaine de la valeur immatérielle est très important. Certes, la valorisation de l'immatériel à la bourse de Paris est inférieure (de l'ordre de 62 % à ce jour). Cela prouve que les groupes français et/ou les investisseurs de la place de Paris valorisent moins bien l'immatériel que leurs homologues américains. Il n'y a aucune raison pour que cette situation perdure, compte tenu des performances financières des entreprises françaises observées par ailleurs.

Comment expliquer cela ? Pourquoi des investisseurs acceptent-ils d'acheter une entreprise plus chère que sa valeur de bilan ? Tout simplement parce qu'acheteurs et vendeurs conviennent que la valeur d'une entreprise dépend avant tout de sa capacité à dégager des profits dans le futur. La méthode *Discounted Cash Flows* (DCF) permet ainsi à un investisseur de calculer la valeur actuelle des profits cumulés que l'entreprise réalisera dans le futur, ce qui lui permet de calculer un prix d'entreprise et d'estimer un délai de retour sur investissement.

Pour que des calculs de ce type se vérifient, il faut que l'entreprise atteigne durablement ses objectifs de croissance et de rentabilité. Il ne suffit pas qu'un dirigeant promette une croissance et une rentabilité données pour que celles-ci se réalisent. Si les clients de cette entreprise sont en voie de paupérisation, si les salariés ont des compétences obsolètes ou, si le système d'information n'est pas très fiable, l'entreprise n'ira plus très loin, malgré un bon parcours jusqu'à ce jour et une bonne performance présente.

Le capital immatériel permet de mieux prédire la performance future, car il recense les principaux éléments qui permettent la création de valeur. Il s'agit du patrimoine immatériel de l'entreprise.

Les dix classes d'actifs d'une entreprise

Quelques points de repère externes sur la notion d'actif immatériel

Les auteurs ayant publié sur le capital immatériel sont nombreux et nous ne les citerons pas tous[1]. La définition des actifs immatériels qu'ils proposent et leur identification est variable de l'un à l'autre et, à ce jour, aucun standard international n'émerge encore dans ce domaine.

Selon Christian Pierrat[2], un actif immatériel (ou incorporel) est un élément du patrimoine de l'entreprise qui présente simultanément plusieurs caractéristiques :

- absence de substance physique ;
- durée de vie indéterminée ;
- unicité ou, au moins, forte spécificité ;
- grande incertitude sur ses revenus futurs ;
- difficilement séparable des autres actifs.

Cet auteur propose, par ailleurs, une liste ouverte d'actifs immatériels classés par degrés d'immatérialité croissante :

- les droits et les quasi-droits, actifs incorporables possédant toutes les caractéristiques d'un actif – identifiables, protégeables juridiquement, échangeables et valorisables pour eux-mêmes (brevets, marques, droits, quotas, contrats, procédés) ;
- les actifs incorporels matérialisables pouvant être protégés et cessibles (logiciels, bases de données) ;
- les structures, non identifiables, générant des revenus et dont la faculté d'exploitation peut être transmise à des tiers (fichiers clients, réseaux de distribution, etc.) ;

1. *Cf.* l'Étude n° 45 du Club Finance Internationale, précitée.
2. *Cf.* Christian Pierrat, *Immatériel et comptabilité*, in Encyclopédie de Comptabilité, Contrôle de gestion et Audit, éd. Economica.

- les révélateurs d'actifs incorporels symbolisant une source de valeur, comme les parts de marché, qui résultent de la mise en œuvre de toutes les compétences de l'entreprise.

Dans leur livre, *Le Capital Immatériel de l'Entreprise,* Leif Edvinsson et Michaël Malone ne proposent pas de définition précise de la notion d'actifs immatériels, mais présentent une décomposition de la valeur de l'entreprise en une cascade d'actifs matériels et immatériels qui a valeur de définition.

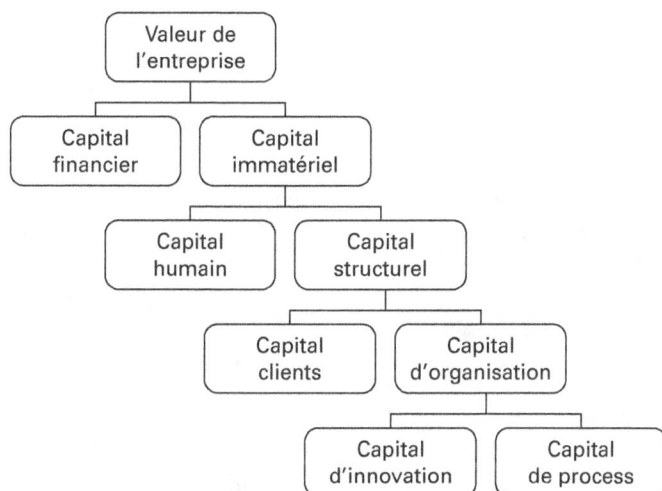

Figure 2.3 : Capital immatériel selon Edvinsson et Malone.

La norme comptable européenne IAS-IFRS (voir chapitre suivant) propose encore une autre classification.

Une définition de l'actif immatériel

L'étude des travaux existants sur le capital immatériel apporte nombre d'avancées, d'idée pertinentes et de défauts. Sans entrer dans une analyse détaillée des travaux précités, notons, par exemple, que le capital humain est faiblement pris en compte par Christian Pierrat et que Leif Edvinsson et Michaël Malone ignorent la contribution des fournisseurs à la valeur de l'entreprise. De même, la définition de Pierrat, qui a plus de dix ans, mérite extensions et ajustements. Par exemple, un brevet, actif immatériel s'il en est, a en général une durée de vie déterminée. De plus, si l'on accepte l'idée que le capital humain est un actif immatériel, il en résulte que ce dernier peut aussi avoir une existence physique.

Notre définition de l'actif immatériel serait donc la suivante :

- un actif immatériel est un constituant de l'entreprise, identifiable séparément, qui participe aux opérations génératrices de rentabilité présente ou future, mais dont la valeur ne figure pas au bilan.

Par extension, des actifs matériels visibles au bilan peuvent être porteurs d'une valeur immatérielle ou d'un *goodwill* invisible. Ainsi peut-on arguer que le capital immatériel est partout. Dès lors qu'un élément de l'entreprise a une valeur supérieure à son coût, il est porteur de valeur immatérielle.

Selon nous, parmi les dix principaux actifs de l'entreprise, neuf sont immatériels :

- les actifs matériels – usines, véhicules, machines, ordinateurs, disponibilités financières, etc. – figurent au bilan. Si ces éléments sont insuffisants ou en mauvais état, l'entreprise n'ira pas loin. En revanche, ce n'est pas parce qu'ils sont bons que la performance future s'annonce bien. C'est la raison pour laquelle l'analyse de bilan ne permet pas de prédire l'avenir de l'entreprise ;

- les clients (capital client) : s'ils sont satisfaits, fidèles à l'entreprise, solvables et nombreux, l'entreprise a un atout pour réussir ;

- les salariés (capital humain) : un personnel motivé, fidèle, compétent et soudé permettra à l'entreprise de mieux se développer qu'un personnel peu dynamique, ayant une compétence limitée ou un esprit d'équipe défaillant ;

- les partenaires (capital partenaire) : dans une économie qui développe de plus en plus la sous-traitance, l'entreprise a besoin de fournisseurs dont les caractéristiques sont similaires à celles de ses salariés – compétence, motivation et dynamisme entre autres. Il en est de même pour ses partenaires (banquiers, assureurs, avocats...) ;

- l'organisation (capital organisationnel) : si l'entreprise est bien organisée, si chaque service connaît ses responsabilités, s'il n'y a pas de redondance dans la répartition des rôles ni de tâches orphelines dont personne ne s'occupe, si la circulation de l'information est rapide, l'entreprise jouit à nouveau d'un atout intangible ;

- le système d'information est aussi un actif immatériel majeur. Sans lui, la plupart des entreprises d'aujourd'hui sont paralysées, et un défaut informatique peut leur faire perdre beaucoup d'argent;

- la connaissance (capital savoir). Dans une économie fondée sur le savoir, la qualité de la connaissance est essentielle pour l'entreprise. Jouit-elle de secrets de fabrication, de brevets, de programmes de R & D, d'une politique d'innovation qui lui donnent un avantage concurrentiel pérenne ? Ou bien son savoir est-il limité, obsolète, voire absent? Ce capital est distinct du capital humain, en ce sens que cet actif ne recense que le savoir «produit» par les salariés et non pas possédé par eux (résultats de R & D, publications, brevets, manuels, formules, systèmes de *knowledge management*, connaissance embarquée dans les produits). La connaissance possédée par chaque salarié est un élément du capital humain;

- les marques (capital de notoriété). C'est probablement l'actif immatériel le plus connu et le plus mesuré. Comme le montre le tableau ci-dessous, les marques représentent parfois une part importante de la valeur des entreprises. Ainsi, la marque représente 67 % de la valeur de Coca-Cola et un tiers de la valeur d'IBM. Les marques peuvent concerner des produits («1664») ou des entreprises (Danone);

Situation à fin 2004	Coca-Cola	Microsoft	IBM	GE
Capitalisation (USD bn)	100,3	310,5	151,3	386,9
VNC des fonds propres (USD bn)	15,9	74,8	29,7	110,8
Sur-valeur (USD bn)	84,4	235,7	121,6	276,1
Price to Book Ratio	6,3	4,2	5,1	3,5
Valeur de la marque (USD bn)	67,4	61,4	53,8	44,1
Sur-valeur non expliquée par la marque	*17,0* *20%*	*174,3* *74%*	*67,8* *56%*	*342,8* *88%*

Figure 2.4 : Valorisation de certaines marques *(source : Interbrand).*

- les actionnaires (capital actionnaire) jouent un double rôle dans la valeur des entreprises. Ils sont présents dans le capital matériel, puisqu'il apportent à l'entreprise une partie de ses finances, mais ils ont aussi des caractéristiques immatérielles importantes : patience, fidélité, écoute. Si une entreprise a des actionnaires très impatients et exclusivement mus par une logique de profit à court terme, elle est poussée à une stratégie de rentabilité immédiate. Le dirigeant, menacé de voir ses actionnaires lui retirer leur confiance et leurs fonds, cherchera à dégager une forte rentabilité, quitte à réduire, au-delà du raisonnable, sa R & D ou son budget informatique ;

• l'environnement (capital écologique et sociétal). La notion d'environnement est à prendre au sens large. Elle couvre l'environnement naturel, mais aussi social, sociétal et géopolitique. Si une entreprise est implantée à proximité de gisements de matière première dont elle a besoin, si elle possède même ses propres gisements, si son emplacement lui confère une bonne réputation, si son environnement politique est stable, etc., elle bénéficie, à nouveau de précieux avantages.

Ces actifs immatériels sont des éléments précurseurs de la future création de valeur de l'entreprise. Il est donc indispensable qu'ils soient identifiés, évalués et développés. Aujourd'hui, les marchés financiers les apprécient de manière très empirique et approximative. L'évolution des PBR depuis la fin des années 1970 montre qu'ils sont dans le vrai.

Trois facteurs combinés expliquent cette montée en puissance de l'immatériel :

• l'économie des services consomme en moyenne moins de capitaux que l'économie industrielle. Les besoins en financement d'une agence de communication, d'une SSII ou d'une société de distribution sont sans rapport avec ceux d'un constructeur de voitures ou d'ordinateurs. Mais les entreprises de services ne créent pas moins de valeur. Il en résulte que leur PBR tend à être plus élevé. Leur poids grandissant sur les marchés financiers explique donc en partie le phénomène ;

• les actifs immatériels avaient moins de valeur il y a trente ans, durant l'ère industrielle, l'ère du produit roi, qu'aujourd'hui. Le capital client n'avait donc pas la même valeur qu'aujourd'hui. Par ailleurs, la complexité était bien moindre qu'aujourd'hui : un ouvrier remplaçait instantanément un autre ouvrier. De nos jours, c'est différent. Par exemple, maîtriser un poste sur une ligne de fabrication demande souvent plusieurs semaines de formation sur des machines à commandes numériques. En d'autres termes, à l'ère industrielle, le capital humain avait beaucoup moins de valeur qu'aujourd'hui;

- l'investisseur progresse dans son analyse des facteurs essentiels permettant la création de valeur. C'est ainsi qu'il «est dans le vrai», mais son approche manque de méthode et d'outils. Rien ne prouve donc que les niveaux de valorisation des entreprises soient justes, malgré l'usage de méthodes mathématiquement sophistiquées comme la méthode DCF (voir chapitre 7). C'est tout l'objet de ce livre que de proposer de nouveaux outils.

Lien avec des approches financières traditionnelles

Dirigeants, financiers et investisseurs reconnaissent sans exception l'importance du capital immatériel, tout en restant, pour la plupart, dans des approches très approximatives et incomplètes de ces notions.

La comptabilité traditionnelle établit le bilan d'une entreprise sous la forme d'un stock de richesse accumulée depuis sa création selon deux représentations :

- l'actif, ce que l'entreprise possède, la manière dont elle fait usage de la richesse dont elle dispose (immobilisations et actifs circulants);

- le passif, la manière dont cette richesse est ventilée entre différentes parties prenantes de l'entreprise (fonds propres et réserves qui sont la propriété des actionnaires), les dettes financières qui sont la propriété des banquiers et autres bailleurs de fonds, les dettes fiscales et sociales, propriété de l'État et de la collectivité (Urssaf, administration fiscale, etc.).

Selon cette vision, la valeur de l'entreprise est faite de solide (immobilisations : immeubles, ateliers, ordinateurs, véhicules, etc.) et de liquide (trésorerie, créances, etc). Mais, comme nous venons de le voir, deux tiers de la valeur totale des entreprises se situent hors du bilan, ce qui correspond à la valeur des actifs immatériels (clients, salariés ou capital de savoir). Au-delà de cette richesse solide et liquide, il existe donc une richesse «gazeuse» : le capital immatériel, comme l'illustre le schéma ci-après.

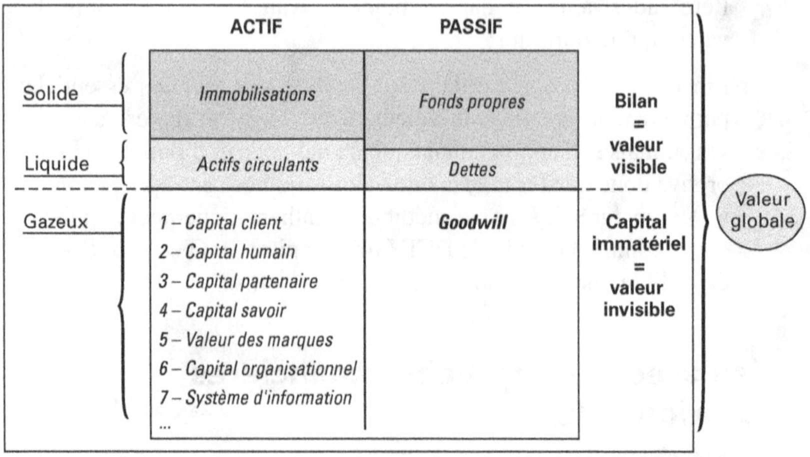

	ACTIF	PASSIF	
Solide	Immobilisations	Fonds propres	Bilan = valeur visible
Liquide	Actifs circulants	Dettes	
Gazeux	1 – Capital client 2 – Capital humain 3 – Capital partenaire 4 – Capital savoir 5 – Valeur des marques 6 – Capital organisationnel 7 – Système d'information ...	Goodwill	Capital immatériel = valeur invisible

Valeur globale

Figure 2.5 : «Bilan étendu» de l'entreprise intégrant l'immatériel.

Une création de valeur durable dans l'économie est fondée sur le développement du capital immatériel. À cet égard, nous insistons à nouveau sur le fait que, malgré un beau bilan et une bonne performance économique récente, une entreprise qui n'a pas de bons actifs immatériels est en danger. De plus, les calculs de valeur d'entreprise les plus rigoureux (DCF) se trouveront contredits par les faits, dans un sens comme dans l'autre, selon la qualité des actifs immatériels.

En aucun cas, le capital immatériel ne s'oppose aux valorisations traditionnelles. Il les complète et leur donne crédit : *« Votre évaluation est digne de confiance parce que vos actifs immatériels sont bons »*, *« Telle entreprise est surévaluée compte tenu de la qualité de son capital humain »*. Nous verrons d'ailleurs, dans les chapitres qui suivent, que les méthodes d'évaluation financière des actifs immatériels donnent des résultats cohérents par rapport aux méthodes traditionnelles.

Le capital immatériel permet de vérifier un adage

En prenant un peu de recul par rapport à cette nouvelle réalité économique, une étonnante conclusion s'impose à nous. Les actifs immatériels de l'entreprise, qui font la plus grande part de sa valeur actuelle, correspondent à son capital humain d'hier et d'aujourd'hui. En effet, sans les qualités de ses collaborateurs d'hier et d'aujourd'hui, il ne pourrait pas y avoir notamment de bons clients, de bonnes marques, de bons systèmes d'information ou de bons brevets. Voici donc une grande nouvelle : dans l'économie post-industrielle, la valeur de l'entreprise est humaine aux deux tiers !

Le capital immatériel a des conséquences majeures, tant au niveau de la micro-économie (économie de l'entreprise) qu'au plan macro-économique (échelle mondiale). En effet, si ce stock de richesse « gazeuse » est mal évalué, les dirigeants, quel que soit leur niveau, peuvent faire de graves erreurs. C'est donc toute la notion de richesse qu'il faudrait revoir pour mieux la faire coller aux réalités d'aujourd'hui et de demain. Ainsi, une entreprise peut être achetée à un prix sans rapport avec sa valeur réelle. Si l'erreur est collective à l'échelle d'une région, c'est la valeur même de la région qui est erronée. Si elle est généralisée à l'échelle d'un secteur économique global, c'est toute l'économie mondiale qui risque la surchauffe, la déprime ou les deux successivement. Souvenons-nous, par exemple, de la net économie entre 1998 et 2001 : les instruments de valorisation de l'immatériel étaient encore inconnus de la plupart des décideurs et la planète s'est mise à valoriser à des prix délirants des entreprises vides de toute substance. Nous connaissons tous la suite.

Partie 2

Les applications pour l'entreprise

Chapitre 3

Les applications du capital immatériel

L'usage du capital immatériel concerne de très nombreuses fonctions dans l'entreprise et offre un large champ d'application pour de très nombreux acteurs économiques.

Bénéfices pour les différents acteurs économiques

L'investisseur va pouvoir apprécier une entreprise à sa juste valeur avant d'investir. Aujourd'hui, le processus d'investigation avant investissement ou acquisition se révèle très précis sur les éléments financiers (la *Due Diligence*), mais il est nettement moins formel sur les aspects immatériels. Certains investisseurs regardent le capital immatériel de près, d'autres de loin, sans que de bonnes pratiques ou des standards se dégagent. Selon notre observation, une erreur est souvent commise en évaluation : l'étude de la valeur «gazeuse» est négligée, tandis que les valeurs «liquide» et «solide» sont explorées avec un soin parfois excessif. C'est parce que le capital immatériel est plus compliqué, qu'il faut y passer plus de temps, car on paie le «gazeux» parfois très cher.

Le membre du conseil d'administration suivra mieux la performance de l'entreprise grâce à une analyse extra-financière pertinente. L'administrateur est un mandataire social de l'entreprise et, à ce titre, il doit exercer une supervision vigilante et un contrôle sur celle-ci. Mais de quels instruments dispose-t-il? Lors des réunions du conseil d'administration ou du conseil de surveillance, le dirigeant présente les résultats financiers, les faits marquants de la période écoulée, les perspectives, etc. Si tous ces éléments sont indispensables, ils pourraient toutefois être complétés par des indicateurs de la santé des actifs immatériels : ainsi, par exemple, la fidélité des clients, le turnover des collaborateurs, la fiabilité du système d'information, l'avancement des projets de R & D seraient mesurés systématiquement. Ce tableau de bord immatériel serait donc très utile pour l'administrateur.

Le dirigeant pilotera son entreprise avec un tableau de bord plus complet. Si les actifs immatériels représentent la plus grande richesse de l'entreprise, il convient que le dirigeant les identifie clairement et en pilote le développement. Toutes les mesures que nous avons réalisées montrent à chaque fois, même pour de petites structures, que le dirigeant découvre des choses importantes à la lecture des résultats. Ce qui est trompeur dans ce domaine, c'est la conviction de savoir : *« Je passe toute la journée (et même plus) dans mon entreprise donc, je la connais par cœur »*. Et pourtant !

L'émetteur de titres défendra son cours de bourse grâce à une communication financière plus riche. À l'heure actuelle, cette pratique n'est pas développée. Les analystes financiers suivent un trop grand nombre de valeurs pour procéder à des investigations immatérielles poussées. En outre, ils n'ont pas tous les éléments. Cependant, une étude[1] réalisée par la SFAF[2], dès avril 2000, montrait que 90 % des analystes financiers jugeaient souhaitable que les entreprises communiquent sur leurs actifs immatériels. Cela signifie que le jour où quelques entreprises leaders commenceront à communiquer sur ce sujet, les autres devront suivre. Mais tout cela ne s'improvise pas. Comme nous le verrons, la mesure et l'interprétation de la valeur immatérielle demandent de la méthode et de la pratique. Il faut donc s'y préparer.

Le propriétaire qui veut céder son entreprise pourra justifier de la valorisation proposée. Il sera de moins en moins possible de donner un prix sans préciser à quoi il se rapporte vraiment. Comme nous l'avons vu précédemment, sans bons actifs immatériels, le plus beau bilan et le plus beau plan de développement ne mènent pas loin. Il est aberrant de proposer un prix très au-dessus de la valeur comptable d'une entreprise sans en justifier l'écart, à travers une décomposition rigoureuse. Mais, dans la pratique, c'est pourtant ce que l'on observe.

---

1. Marie-Ange Andrieux, *Comment valoriser son capital immatériel ?* Option finance, mars 2001.
2. Société Française des Analystes Financiers.

Le banquier évaluera mieux le risque de crédit dans le cadre de prêts à long terme. Lorsqu'une banque prête de l'argent à une entreprise sur une longue période, elle doit se demander si le remboursement sera réalisé jusqu'à son terme. Il ne suffit pas pour cela que le bilan soit beau et que le *business plan* soit prometteur. Une grande fragilité du système d'information ou le départ de quelques experts sans remplaçants peuvent suffire à tout compromettre ! Ce qui est vrai pour le banquier s'applique aussi à l'assureur.

D'autres applications plus inattendues

Cet outil permet d'importants progrès dans de nombreux domaines, mais d'autres applications existent, plus innovantes et à forte valeur ajoutée. Par exemple, pour le financier ou le directeur de projet, le capital immatériel permet d'évaluer plus justement la création de valeur d'un projet. En effet, la rentabilité des projets, chaque année, se retrouve dans les fonds propres de l'entreprise. Or, ces fonds propres ne représentent qu'une fraction de la valeur totale de l'entreprise. La rentabilité des projets ne représente donc qu'une fraction de la valeur des projets. En d'autres termes, la plupart des projets sont porteurs de leur propre *goodwill*, dès lors qu'ils participent à la création d'actifs immatériels. La valeur d'un projet ne se résume donc pas à sa rentabilité, elle peut être égale à 2, 3, 5 fois celle-ci ou même bien plus.

Autre exemple: pour le comptable public, il devient également possible d'apprécier la valeur d'entreprises à but non lucratif. Ainsi, par exemple, si un hôpital dispose d'un bon capital client (patients), d'un bon capital humain, de bonnes installations, de bons fournisseurs et d'une bonne informatique, on pourra en déduire qu'il a une grande valeur, qu'il est le résultat d'un bon usage des deniers publics. Si, à l'inverse, il présente des défauts ou de gros points faibles dans ses actifs immatériels, la conclusion sur sa valeur sera plus nuancée, voire négative. En comparant la taille et la qualité des actifs immatériels de cet hôpital à celles d'un autre hôpital situé dans un pays où ces organisations font du profit (ou en le comparant à une clinique privée), il sera même possible de lui attribuer une valeur financière crédible (voir le développement sur ce sujet au chapitre 9 et le concept de valeur immatérielle d'un État).

Enfin, par extension, le directeur d'un centre de coût peut aisément justifier, grâce au capital immatériel, du bon emploi du budget qu'on lui confie et donner une valeur objective aux résultats de son travail.

Chapitre 4

Le capital immatériel, un concept bipolaire

Les applications possibles (non exhaustives) du capital immatériel nous révèlent une autre réalité fort intéressante : nous avons affaire à un outil de management de la performance économique durable de l'entreprise, qui est également un instrument d'aide pour sa valorisation financière.

Différence fondamentale avec d'autres systèmes de management

Toute la puissance de cette approche réside dans ces deux facettes. Le capital immatériel est un instrument de management de la performance et également un outil d'aide à la valorisation. Il n'existe pas d'autres méthodes ou systèmes de management de ce type pour une seule raison : le capital immatériel a pour vocation d'évaluer un stock de valeur immatérielle alors que toutes les approches de management – ISO 9000, Balanced Scorecard[1], systèmes de notation sociale et environnementale, etc. – mesurent la performance de flux, selon des considérations qui ne sont pas nécessairement économiques de surcroît. Ce point essentiel mérite quelques explications. Le bilan d'une entreprise, c'est son stock de richesse « solide » et « liquide ». Nous pouvons l'assimiler à un réservoir de richesses. Le compte de résultat, c'est un flux de richesses qui, à la fin de chaque année, alimente (ou non) le stock : la rentabilité après impôts et dividendes vient grossir les fonds propres.

---

1. Robert S. Kaplan, David P. Norton, *Le tableau de bord prospectif,* Éditions d'Organisation, 2003.

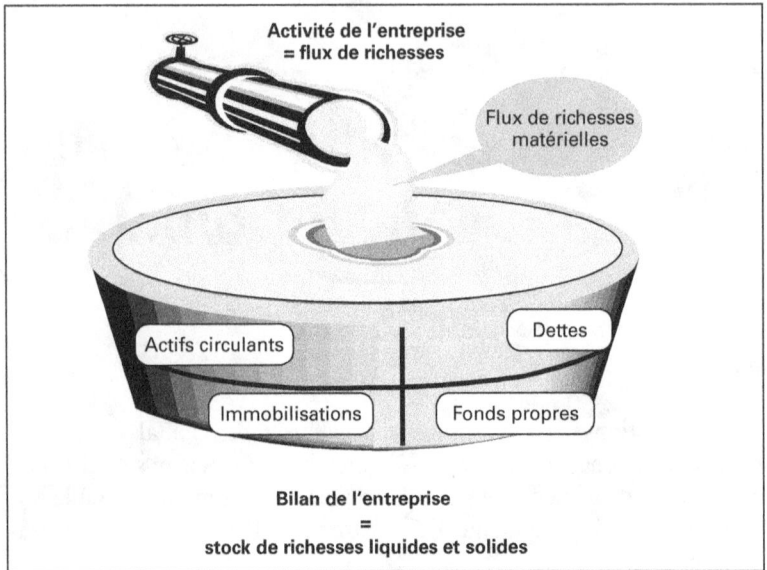

Figure 4.1 : Le bilan, un stock de richesse alimenté par un flux :
le compte de résultat.

Mais la valeur de l'entreprise ne se limite pas à ce stock de richesse
«liquide» et «solide». Il y a en plus un stock de richesse «gazeuse».
Cela signifie que l'entreprise engage, en permanence, des actions dont
la valeur est immatérielle et qui alimentent ce stock «gazeux».

Grâce à cette distinction entre flux et stocks, il est aisé de comprendre
la différence fondamentale qui existe entre le capital immatériel et
d'autres outils d'aide au management – ISO, Business Process Management (BPM) ou Balanced Scorecard (BSC). En effet, le capital
immatériel étudie un stock de richesses intangibles alors que les modèles de management s'appliquent à des flux.

Selon une approche ISO ou une approche Balanced Scorecard, on
améliore ce que fait l'entreprise. Selon une approche de capital immatériel, on étudie ce qu'elle possède.

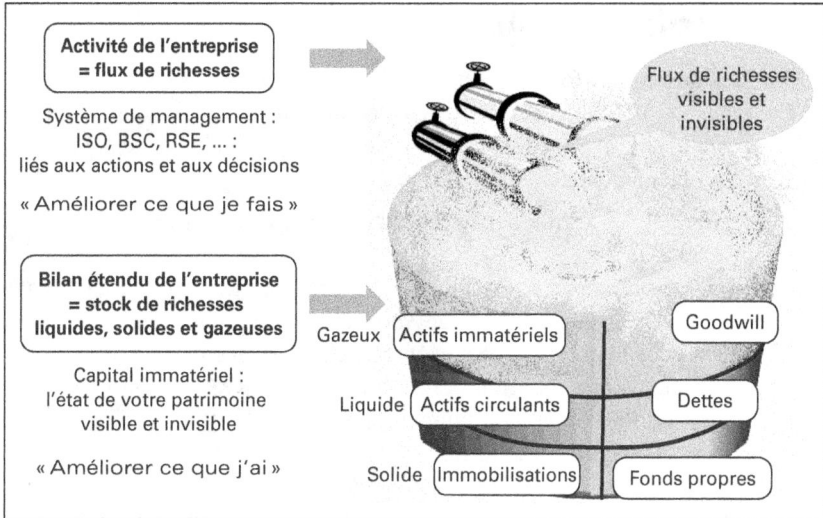

Figure 4.2 : Un flux de richesse «gazeuse» alimente aussi
un stock de richesse «gazeuse».

Le capital immatériel vient donc compléter les outils traditionnels de management. Si, grâce à ces outils, le dirigeant agit positivement pour son entreprise, à la fin de l'année, son stock de valeur financière ainsi que son stock de valeur immatérielle doivent avoir grossi. Pour le savoir, il faut mesurer !

Il ne faut donc pas confondre le capital immatériel avec d'autres méthodologies. Certes, cette approche est aussi basée pour partie sur des indicateurs. Cependant, le capital immatériel vise à ne recenser et à ne suivre que les facteurs majeurs constitutifs de la valeur actuelle et future de l'entreprise. Toute la différence est là : nous ne mesurons ni n'évaluons des actions et des décisions de management, nous évaluons des résultats ou l'état résultant de ces actions.

Les systèmes de management – ISO 9000, BSC, BPM, etc. – évaluent des actions de management. Le capital immatériel évalue un état : celui du stock de richesse intangible; la variation de ce stock est le résultat des actions de management.

Spécificités de l'approche analytique des actifs intangibles

Au-delà de cette différence conceptuelle fondamentale, voici quelques exemples qui permettent de faire la différence, au niveau des sujets pris en compte, entre le capital immatériel et les principaux systèmes d'aide au management :

- exemple de différence avec une démarche qualité de type ISO 9000.

  Si votre entreprise est certifiée ISO 9000, vous avez probablement des points forts au niveau de votre capital organisationnel. Mais c'est à peu près tout. Par exemple, ce n'est pas parce que vous avez une bonne politique qualité que vous avez un bon capital client ou un bon capital humain. Une approche ISO ne dira rien là-dessus ni sur la valeur du système d'information, des marques, etc. Un label ISO 9000 sera considéré comme un indicateur de valeur de votre capital organisationnel qui donne une certaine assurance sur votre capacité à offrir de bons produits. Toutefois, certains indicateurs suivis dans le cadre du management de la qualité pourront être utilisés pour évaluer des éléments constitutifs du capital client (exemple : le niveau de satisfaction des clients) ou du capital humain (compétence des salariés) ;

- exemple de différence avec une démarche de notation sociale et environnementale du type de celle de VIGEO.

  Comme nous le verrons dans le chapitre sur le lien entre capital immatériel et développement durable, la vocation première d'une agence de notation sociale et environnementale est d'évaluer la manière dont une entreprise traite ses parties prenantes : est-elle respectueuse de ses clients, de ses salariés, de l'environnement naturel, etc.? Mais l'approche capital immatériel pose une autre question : quelle est la valeur de ces parties prenantes pour l'entreprise? Ce n'est pas parce que vous respectez vos collaborateurs que vous avez un bon capital humain. Prenons un exemple simple qui illustre cette différence fondamentale. Dans une démarche RSE, les programmes d'employabilité durable des salariés dépassant les frontières et les métiers de l'entreprise seront considérés comme un atout. Ce point ne sera que très peu pris en compte dans une évaluation du capital humain. Seul l'accroissement de compétence durable des salariés pour l'entreprise sera étudié;

- illustration de différences entre «Balanced Scorecard» et capital immatériel. Le tableau de bord prospectif de David P. Norton et Robert S. Kaplan, encore appelé «Balanced Scorecard», n'est pas un modèle de mesure de la valeur. C'est en revanche une méthode destinée à en créer davantage. Fort pertinente, cette approche offre de fortes analogies avec l'analyse par le capital immatériel. Le constat de départ de Kaplan et Norton repose sur deux points essentiels :

  - les états financiers offrent des indicateurs insuffisants pour piloter le développement des entreprises au motif qu'une partie de la croissance des ressources disponibles et de la richesse à créer est immatérielle ;

  - la plupart des entreprises observent l'existence d'un fossé entre l'expression de leur stratégie et sa déclinaison en objectifs élémentaires auxquels sont associés des indicateurs pertinents.

En ceci, l'approche Balanced Scorecard entre dans la catégorie des méthodes d'alignement stratégique : savons-nous suivre la mise en œuvre de notre stratégie sur le terrain ? Avons-nous les moyens de nos ambitions ? Comment traduire une volonté de croissance de la rentabilité en objectifs pour la direction des ressources humaines ? Etc.

La méthodologie proposée par ces auteurs est basée sur la compilation d'indicateurs de quatre types permettant d'offrir un tableau de bord stratégique au dirigeant :

- des indicateurs financiers – croissance, rentabilité, retour sur capitaux engagés, EVA ;

- des indicateurs liés à la clientèle – extension de la base clientèle, satisfaction des clients, fidélité des clients, rentabilité par catégorie ;

- des indicateurs représentatifs des processus internes – processus d'innovation, de fabrication, de commercialisation et d'après-vente ;

- des indicateurs d'apprentissage organisationnel (hommes, systèmes et procédures) – fidélité des salariés, satisfaction des salariés, productivité des salariés, performance des systèmes d'information, etc.

On pourrait donc dire que les Balanced Scorecard sont au capital immatériel ce que le compte de résultat est au bilan de l'entreprise.

En synthèse, le capital immatériel présente des points communs avec les méthodes d'aide au management, sans pour autant s'y substituer : les démarches qualité, sécurité, entre autres, sont nécessaires pour créer de la richesse matérielle et immatérielle. Cela ne change pas. En revanche, aucune méthode existante ne répond aux questions que le capital immatériel prend en compte. Ressemblance ne veut donc pas dire redondance.

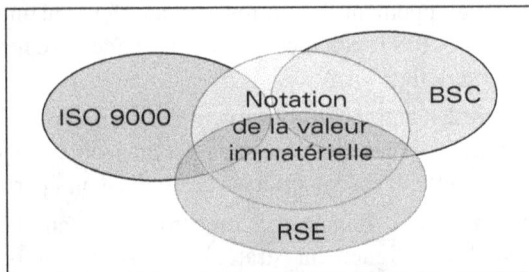

Figure 4.3 : Capital immatériel et modèles d'aide au management.

Comme le montre le schéma, des points communs existent au niveau des sujets étudiés entre le capital immatériel et les modèles d'aide au management, mais la finalité n'est pas de même nature

Bien que le capital immatériel ne porte pas sur les flux et sur les actions de management, il constitue toutefois un puissant outil d'aide au management puisqu'il permet, en permanence, d'apprécier les points forts et les points faibles des précurseurs de la valeur de l'entreprise. Un suivi de la qualité de vos actifs immatériels vous indique donc quoi faire et par où commencer (voir plus loin). Libre à vous de mettre en œuvre un plan d'action qui s'appuie sur un référentiel standard (ISO, EFQM, etc.) ou sur votre expérience et votre bon sens.

En outre, par rapport à tous les systèmes d'aide au management, le capital immatériel est le seul modèle qui fasse un lien explicite entre management et valeur de l'entreprise. Il ne suffit pas qu'une action de management soit «bien» pour qu'elle soit créatrice de valeur. Selon une méthodologie de capital immatériel, l'action de management est jugée positivement si, et seulement si, elle participe à la création de valeur immatérielle qui préfigure la création de valeur tout court.

Chapitre 5

Les normes IAS-IFRS : un grand pas en avant dans la prise en compte des actifs incorporels

Que sont les normes IAS-IFRS?

Les normes IAS-IFRS[1] sont les nouvelles normes comptables internationales adoptées par l'Union Européenne. Elles sont rentrées en vigueur le 1er janvier 2005 et concernent pour l'instant les entreprises cotées. Ce sont 7 000 groupes cotés en Europe, dont 850 en France, qui publient depuis 2005 leurs comptes selon ces normes.

Pour l'heure, l'Union européenne a laissé chaque État membre libre d'étendre ou non l'usage de ces normes aux entreprises non cotées. Il n'y a donc pas grand doute que ces normes sont la référence comptable du futur pour toutes les entreprises. En France, depuis une ordonnance de décembre 2004, la liberté est offerte aux groupes non cotés de publier leurs comptes selon ces normes au lieu de conserver les règles françaises.

L'IASB est l'organisme international indépendant qui est en charge de la rédaction de ces normes. L'ouvrage précité expose clairement la structure du référentiel IFRS :

$$\text{Référentiel IFRS} = (\text{IAS} + \text{SIC}) + (\text{IFRS} + \text{IFRIC})$$

---

1. Association Nationale des Directeurs Financiers et de Contrôle de Gestion, *Les normes IAS-IFRS*, Éditions d'Organisation, 2005.

Référentiel IFRS (*International Financial Reporting Standard*) : référentiel des nouvelles normes comptables européennes.

International Accounting Standard (IAS) : normes internationales comptables.

Standard Interpretation Committee (SIC) : comité d'interprétation des normes IAS.

International Financial Reporting Standard (IFRS) : normes internationales d'information financière, mais ce sigle englobe finalement tout l'ensemble.

International Financial Reporting Interpretation Committee (IFRIC) : comité d'interprétation des normes d'information financière.

Les normes IAS-IFRS couvrent donc tous les aspects de comptabilité et tous ceux de l'information financière. Les règles comptables seront regroupées dans les normes IAS 1 à IAS 41, les règles de reporting sont décrites dans les normes IFRS 1 à IFRS 7.

Normes IAS-IFRS et capital immatériel

Cette nouvelle réglementation européenne marque une forte évolution dans la philosophie comptable. Selon cette norme, en effet, le traitement comptable doit découler d'une analyse économique alors que, selon le droit français, il découle avant tout d'une analyse juridique. Des notions tout à fait nouvelles en comptabilité font leur apparition. La valeur des actifs doit ainsi prendre en compte :

- les futurs flux financiers qu'ils peuvent générer ;
- leur valeur d'utilité ou leur valeur en risque ;

et non plus leur valeur historique.

Cette évolution a des conséquences sur la notion d'actif incorporel.

Ainsi, les normes IFRS reconnaissent-elles bien plus d'actifs immatériels que par le passé. Selon IFRS 3, les actifs suivants peuvent être pris en compte :

- les marques ;
- les savoir-faire et la R & D ;
- les possessions artistiques ;
- les fichiers clients ;

- les contrats et licences ;
- le système d'information.

La lecture de cette liste montre que les actifs incorporels reconnus par les IFRS sont un sous-ensemble des actifs immatériels présentés en introduction. Ainsi, le capital humain, l'organisation ou encore les fournisseurs ne font pas partie de la liste des actifs incorporels reconnus par la norme IAS-IFRS. Toute la valeur « gazeuse » de l'entreprise ne peut donc pas figurer au bilan ! Ce point découle d'exigences consignées pour l'essentiel dans la norme IAS 38 :

- En premier lieu, une règle comptable qui préexiste dans la comptabilité française est maintenue : si la ressource candidate à être qualifiée « d'actif incorporel » a été créée en interne, elle n'est généralement pas éligible. Si elle est acquise, alors, sous réserve qu'elle rentre dans une des catégories précitées, elle le devient.

- Ensuite, lors d'une acquisition, il est désormais demandé de répartir l'écart d'acquisition (différence entre le prix d'achat et la valeur comptable de l'entreprise) entre les divers actifs identifiables acquis, y compris les actifs incorporels. Le montant du *goodwill* (écart d'acquisition inexpliqué) doit être limité au maximum.

- Enfin, un actif immatériel a quatre principales caractéristiques. Il doit être identifiable séparément, contrôlé par l'entreprise, source de bénéfices économiques futurs, et sa juste valeur doit être mesurable avec fiabilité. C'est ce point qui explique l'absence du capital humain ou du capital organisationnel de la liste des actifs incorporels reconnus par les normes IAS-IFRS. En effet, un salarié n'est pas contrôlé par l'entreprise et peut démissionner à tout moment. L'organisation est peut-être apparue difficile à isoler ou les revenus futurs qu'elle pouvait générer ont-ils semblé trop sujets à controverse (pourtant, c'est par sa *supply chain* que Dell a réussi sa prouesse économique qui explique son PBR de 15 !).

De plus, la question de la valeur des actifs se pose chaque année. Tous les ans, l'entreprise doit procéder à un *impairment test* (IAS 36), c'est-à-dire un « test de dépréciation » qui vise à s'assurer que les actifs figurant au bilan ont une valeur crédible. Ce test ne fonctionne que dans un sens, l'actif n'est jamais réévalué. Ce point peut sembler étonnant, compte tenu d'autres règles de la norme, comme celle de la juste valeur. Il doit s'agir d'un vieux réflexe prudentiel cher aux commissaires aux comptes.

Avant IFRS	Après IFRS
Immobilisations corporelles	**Immobilisations corporelles**
Actifs circulants	**Actifs circulants**
Immobilisations incorporelles créées : parfois du système d'information, des brevets, jamais de marques	Immobilisations incorporelles créées : parfois du système d'information, des brevets, jamais de marques
Immobilisations incorporelles acquises : une ligne en général, bien que l'activation de certains actifs incorporels soit permise	Immobilisations incorporelles acquises : R et D, système d'information, brevets, licences, marques…
Survaleur inexpliquée	Survaleur inexpliquée
Le plan comptable français révision 99 ne définit pas la notion d'actif incorporel : la base est donc floue et la référence souvent fiscale	Juste valeur

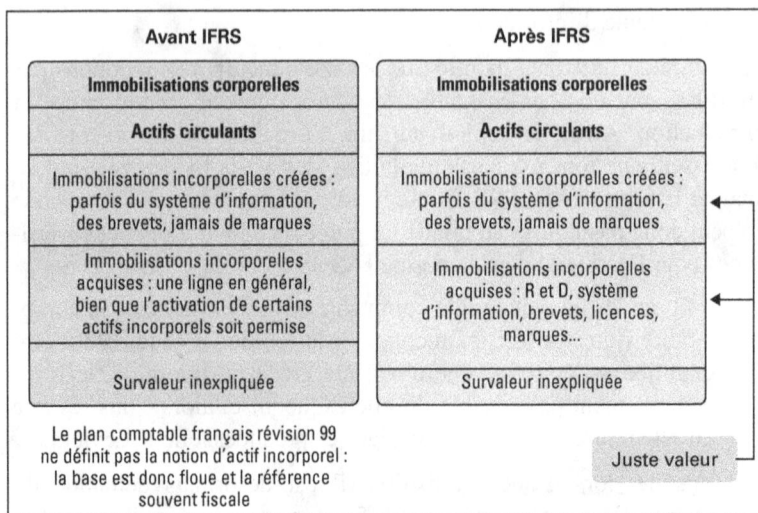

Figure 4.4 : Les grandes différences entre la comptabilité française et européenne dans la prise en compte des actifs incorporels.

Quelles conséquences pour demain ?

La valorisation des actifs immatériels devient un enjeu de premier plan en fusion-acquisition et va devenir un réel domaine de recherche et d'approfondissement méthodologique. En effet, pour l'instant, en dehors de l'évaluation des marques et des brevets, les méthodes de mesure sont rares et, pour celles qui existent, n'ont pas encore été éprouvées sur un grand nombre de cas.

En outre, dans les années à venir, selon un calendrier qui n'est pas encore fixé, la comptabilité française tout entière va passer aux normes IAS-IFRS. Cette prise en compte grandissante de l'immatériel dans la comptabilité concernera bientôt toutes les entreprises.

Chapitre 6

La notation
des actifs immatériels

Pourquoi procéder à une notation qualitative ?

Avant de procéder à l'évaluation financière des actifs immatériels d'une entreprise, la première étape consiste à en noter la qualité. Cette notation est nécessaire pour le calcul de la valeur (voir au chapitre suivant). Elle est suffisante pour l'élaboration d'un tableau de bord de management. Elle permet au manager d'avoir des tableaux de bord faciles à interpréter, comparables dans l'espace (d'une partie à l'autre de l'entreprise) et dans le temps (d'un exercice à l'autre).

La méthode que nous présentons ici consiste à noter les neuf actifs immatériels listés en introduction :

- le capital client ;
- le capital humain ;
- le capital organisationnel ;
- le système d'information ;
- le capital savoir ;
- les marques ;
- le capital partenaire ;
- le capital actionnaire ;
- le capital environnemental.

Principes structurants

Cette méthode est basée sur sept principes structurants, détaillés ci-après.

Classement des actifs immatériels (premier principe)

Le concept de création de valeur entraîne le classement des actifs immatériels en deux catégories : le capital client d'une part, les autres actifs d'autre part. En effet, c'est grâce à certains actifs immatériels (presque tous en fait) et aux actifs matériels que l'entreprise peut produire et vendre des produits et/ou des services. Ces actifs sont :

- le capital matériel ;
- le capital humain ;
- le capital organisationnel ;
- le système d'information ;
- le capital savoir ;
- les marques ;
- le capital partenaire ;
- le capital actionnaire ;
- le capital environnemental.

Il faut tout cela pour produire et vendre. La réunion de ces actifs constitue une entité, l'entreprise, émettrice de produits et de services et réceptrice de chiffre d'affaires en retour. De leur côté, les clients sont des récepteurs de produits et de services et des émetteurs de chiffre d'affaires.

Prise sous sa forme la plus classique, la valeur créée par une entreprise au cours d'un exercice est fonction de sa rentabilité :

$$\text{Valeur créée} = \text{rentabilité} - \text{coût du capital.}$$

La rentabilité est elle-même une fraction du chiffre d'affaires. En règle générale, le chiffre d'affaires d'une entreprise provient, directement ou indirectement, des clients. La valeur créée, au sens le plus financier du terme, provient par conséquent des clients.

Les clients sont donc des sources ou des émetteurs de valeur et les autres actifs immatériels des collecteurs de valeur. La notion de valeur ayant de multiples facettes, l'affirmation que toute la valeur provient des clients peut heurter. En effet, le processus de création de valeur naît bien dans l'entreprise. Par exemple, créer un nouveau produit qui répond à un besoin est un acte fondateur de la création de valeur. Pour éviter toute confusion, nous dirons donc par la suite que les clients sont des sources de cash et que les autres actifs sont des collecteurs de cash.

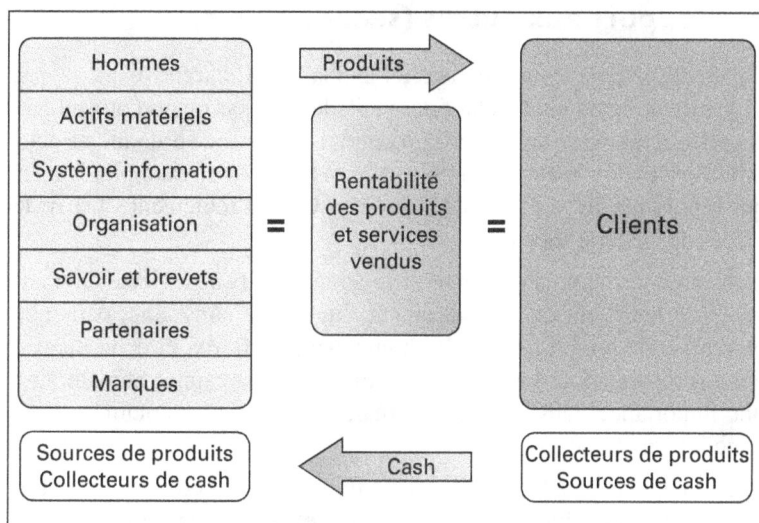

Figure 6.1 : Les deux groupes d'actifs immatériels et matériels :
sources et collecteurs de cash.

Comme le montre le schéma ci-dessus, au cours d'une année, les hommes produisent et vendent, en faisant usage entre autres des actifs matériels, de l'organisation, du système d'information, du capital de savoir, des marques et des partenaires. En retour, le cash émis par les clients est capté par eux. Ce face à face entre les clients et le reste des actifs immatériels et matériels, entre sources et collecteurs de cash, est crucial pour l'évaluation financière de l'entreprise, comme nous le verrons au chapitre suivant. Mais c'est aussi très important dès la phase de notation.

Il apparaît clairement que l'entreprise ne peut prospérer dans la durée que si elle a de bons actifs sources de cash et de bons actifs de collecte. Dans une certaine mesure, des faiblesses constatées au niveau d'un actif de collecte peuvent être durablement compensées par un autre actif de collecte. Par exemple, le capital humain peut être fragile sur tel point mais compensé par le capital fournisseur, ou l'inverse. Les marques peuvent être insuffisamment connues, mais les produits très bons. En revanche, le flux de valeur qui transite entre actifs sources et actifs de collecte ne peut être durable si l'une des bornes est défaillante (voir les règles d'interprétation de la notation plus bas).

Calcul du poids des actifs de collecte les uns par rapport aux autres (second principe)

La notation du capital immatériel global de l'entreprise passe par l'identification du poids relatif des actifs les uns par rapport aux autres. Tous les actifs ne se valent pas. En outre, l'importance d'un même actif immatériel varie beaucoup d'un secteur à l'autre. Par exemple, la marque représente 70 % de la valeur de Coca-Cola et seulement 14 % de la valeur de General Electric.

Nous prenons ici pour option d'attribuer aux actifs de collecte un poids basé sur leur coût de remplacement. Imaginons ainsi que, dans une entreprise, le remplacement des hommes vaut 10 M€ et celui du système d'information 4 M€, il en résultera que le capital humain aura une importance dans la notation finale de 2,5 fois supérieure au système informatique.

Cette méthode est à la fois logique et imparfaite. En effet, si une entreprise investit ou dépense de grosses sommes pour se constituer un actif immatériel, c'est parce qu'elle en a vraiment besoin pour se développer. Dans un monde idéal où le dirigeant ne prendrait que de bonnes décisions, l'importance des actifs matériels et immatériels pour l'entreprise serait bien proportionnelle à leur coût de remplacement. Cependant, dans le monde réel, l'entreprise dispose d'actifs de qualité très variable. Certains qui ont coûté très cher, et dont le remplacement s'avère également très onéreux, peuvent simultanément ne rien valoir. Nous verrons au chapitre 5 comment intégrer cette notion dans nos calculs. Dans les exemples ci-dessous, nous nous contenterons, en première approche, de la présente solution.

Spécialisation du questionnement par actif (troisième principe)

Ce principe consiste à dire qu'un actif immatériel n'est évalué que sur ses caractéristiques propres. Par exemple, la notation du capital client prend seulement en compte les caractéristiques intrinsèques des clients et ignore ce que fait l'entreprise pour gagner des clients. Cela revient à noter la valeur intrinsèque des actifs immatériels et non pas les moyens que l'entreprise met en œuvre pour les obtenir. Ainsi, les risques de compter deux fois la même chose sont éliminés. Lorsque l'organisation est notée, la qualité de l'équipe d'organisateurs ne sera pas prise en compte, car cette qualité relève du capital humain. Lorsque le capital client est noté, la qualité de l'organisation commerciale ne sera pas considérée. C'est une caractéristique du capital organisationnel.

Questionnement analytique gigogne (quatrième principe)

Par définition, la notation est un mode de raisonnement approximatif qui trouve sa validité dans la décomposition d'un sujet complexe en éléments simples. Plus la méthode de décomposition analytique est pertinente, plus le rating est valide. Deux critères influent sur cette pertinence : l'identification des facteurs principaux qui composent le sujet étudié et leur décomposition jusqu'à un niveau de finesse permettant une évaluation fiable. Tant que l'élément à évaluer paraît trop complexe pour être noté, il faut poursuivre la décomposition. En revanche, une fois que la décomposition est assez fine, même une estimation empirique sans indicateur quantitatif devient valable. En voici un exemple.

Si un dirigeant est interrogé sur la performance de son personnel, il y a peu de chances que sa réponse soit pertinente car elle est à la fois grossière et subjective. Imaginons, en revanche, que chaque manager reçoive un questionnaire demandant de noter, sur une échelle de 1 à 5, les deux critères essentiels de la performance des salariés : compétence et motivation. La synthèse aura une toute autre valeur. En effet, sur chaque question élémentaire, le manager peut exprimer une réelle conviction : tel collaborateur est très compétent, tel autre l'est moyennement, etc. En complément, les erreurs de jugement seront minimisées par le rapprochement des évaluations demandées aux différents managers. Ainsi, le résultat, à défaut d'être parfait, est fiable. L'esprit « ingénieur » éprouve toujours quelque difficulté à entrer dans de telles approches. Pourtant, dans notre vie quotidienne, nous utilisons sans cesse de tels mécanismes pour appréhender la complexité.

En outre, point crucial, la note que donne le manager est une évaluation contextuelle qui tient compte de l'entreprise et de son environnement. Ce que le manager note, dans notre exemple, c'est bien la
compétence de ses collaborateurs, les uns par rapport aux autres et
aussi par rapport au secteur et aux concurrents.

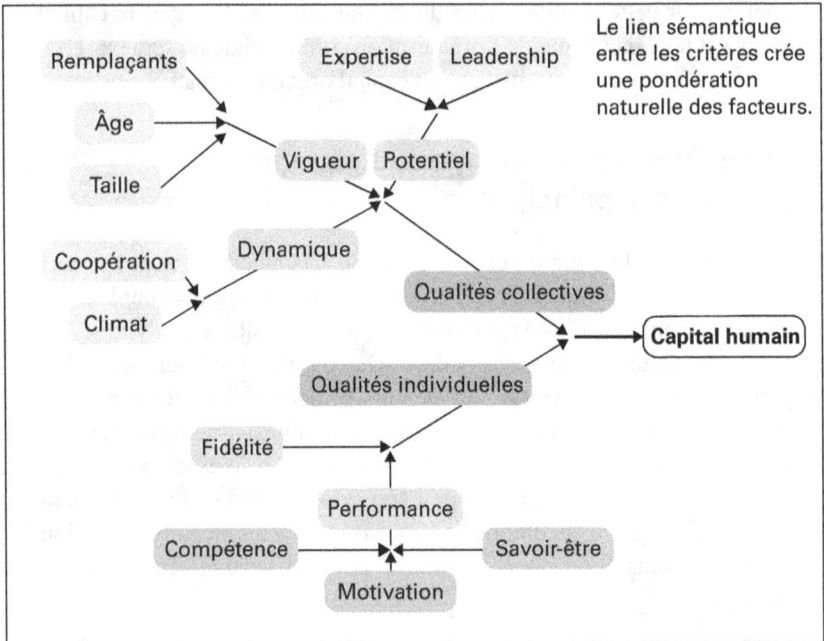

Figure 6.2 : Exemple de décomposition analytique du capital humain.

Autre avantage de ce principe de questionnement : la pondération
naturelle des éléments. Un très grand nombre de systèmes de notation
établissent une liste de critères puis une pondération empirique des critères les uns par rapport aux autres. Les questions relatives à la pondération peuvent ensuite faire l'objet de discussions sans fin. Cette
problématique n'a pas disparu dans la présente approche, mais elle est
fortement atténuée car la décomposition des critères est sémantique-
ment fondée et cela offre une pondération naturelle déjà crédible.
Ainsi, dans le schéma présenté ci-dessus, la performance et la fidélité
composent le potentiel d'un individu. La performance se décompose à
son tour en trois facteurs : compétence (tête), motivation (jambes) et
savoir être (cœur). Si cette décomposition est acceptée, elle définit

implicitement le potentiel d'un individu comme une fonction de quatre variables pondérées comme suit :

$$\text{Potentiel individuel} = \frac{\left[\text{fidélité} + \dfrac{(\text{compétence} + \text{motivation} + \text{savoir être})}{3} \right]}{2}$$

Le principe de décomposition gigogne et de notation s'applique soit à un actif immatériel entier, soit à un sous-ensemble. On peut ainsi noter le capital humain d'une entreprise dans son ensemble ou par direction. La précision est plus forte dans le second cas.

Tandem critères-indicateurs (cinquième principe)

Le questionnement analytique gigogne définit des critères d'évaluation du capital immatériel : que faut-il évaluer pour connaître la qualité (ou la valeur, exprimée qualitativement) du capital immatériel ?

Malgré la décomposition gigogne, un critère élémentaire est la plupart du temps une notion complexe et riche de sens. C'est le cas, par exemple, de la compétence d'un salarié. Cette notion, comme d'autres (motivation, climat, etc.), est difficile à évaluer. Pour en estimer le niveau (très bon, bon, moyen ou mauvais), des indicateurs vont être utilisés. En regard du critère (mesurer quoi ?), l'indicateur représente une méthode de mesure (comment évaluer ?).

La méthode doit être relativement invariante au niveau des critères. Cela permet des comparaisons d'une période à l'autre ou d'une organisation à l'autre. La notation elle-même porte sur les critères. En voici un exemple :

- la qualité du capital humain, comme l'a montré le schéma 6.2, comporte l'évaluation du critère «potentiel collectif», lui-même décomposé en «expertise» et en «leadership». Pour qu'un capital humain ait un bon potentiel collectif, il doit y avoir un bon équilibre entre leaders, experts et opérationnels. Dans cette appréciation, le haut potentiel est un individu à la fois expert et leader. Cette évaluation sera d'autant plus intéressante qu'elle est faite dans chaque direction de l'entreprise. En effet, une mauvaise répartition des experts et des leaders entraîne un mauvais potentiel collectif du capital humain, malgré un nombre d'experts ou de managers globalement satisfaisant. Par exemple, pas d'experts à l'informatique, pas de bon manager au commercial…

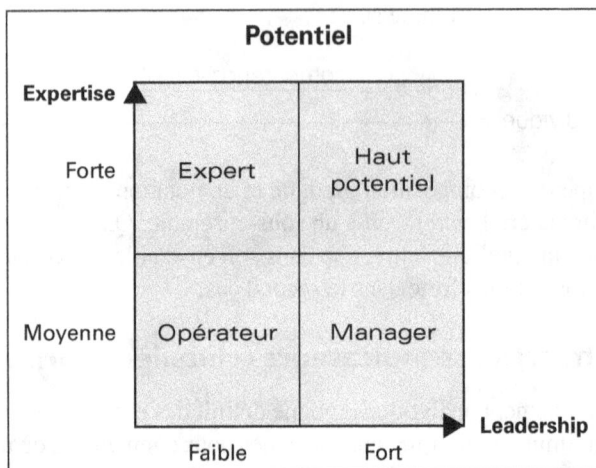

Figure 6.3 : Définition du potentiel collectif du capital humain.

En revanche, pour chaque critère, un éventail large et ouvert d'indicateurs est nécessaire afin de disposer d'informations permettant la notation. Voici un exemple d'indicateurs permettant de qualifier ou non un salarié d'expert :

- fait-il figure de référence sur le sujet dans l'entreprise (O/N) ?
- écrit-il des articles ou des livres sur son sujet (O/N) ?
- intervient-il en conférence à l'extérieur (O/N) ?
- enseigne-t-il le sujet dans une grande école ou à l'université (O/N) ?
- etc.

La réponse «oui» à l'une de ces questions permet de qualifier le collaborateur d'expert.

Il y a cinq types d'indicateurs :

- les indicateurs binaires (O/N, présence/absence) ;
- les indicateurs numériques appelant un jugement d'expert (par exemple, le taux de croissance du marché est de 5 %. Est-ce fort, moyen ou faible pour le secteur ?) ;
- les indicateurs numériques encadrés, dont les bornes sont connues (par exemple, l'âge moyen des salariés) ;

- les résultats d'enquêtes et de sondages, où la note est fournie par le panel (par exemple, une enquête de satisfaction) ;
- les estimations qualitatives fournies par une personne interrogée (réponse à une interview).

Les indicateurs utilisés pour noter un même critère varient d'une entreprise à l'autre. Ils dépendent notamment du temps imparti, de la facilité d'accès aux données et de la volonté des acteurs.

Au pire, ce type de modèle peut faire l'objet d'une mise en œuvre par interviews (5e type d'indicateur). Compte tenu de la décomposition gigogne, le résultat, bien que moins précis qu'avec des indicateurs quantitatifs, reste valable ; surtout si les interviews sont réalisées auprès de plusieurs acteurs, ce qui permet des recoupements.

Le découplage critère-indicateur offre au modèle les conditions de son amélioration permanente dans le temps, tout en permettant une comparabilité dans la durée. Par exemple : «L'an dernier, pour noter la fidélité des clients, nous avions utilisé tel indicateur, cette année tel autre. Mais, dans les deux cas, nous concluons que celle-ci est très bonne. Cette année, notre indicateur, plus fiable, confirme l'estimation précédente. En revanche, l'imprécision de l'an dernier interdit de mesurer une variation (mieux, moins bien).»

Un tel système ne s'effondre pas à cause des erreurs de jugement qu'il entraîne. Il les tolère d'autant plus qu'il est appliqué à un actif immatériel segmenté (par exemple, l'évaluation par direction). En effet, dans la plupart des cas, les erreurs dans un sens et dans l'autre se compensent : la compétence de tel collaborateur sera sous-évaluée et de tel autre surévaluée.

C'est le propre de toute méthode d'évaluation analytique. Par exemple, dans un tout autre domaine, l'évaluation de la charge de travail d'un projet informatique nécessite son découpage en étapes et en tâches. L'expérience montre qu'un directeur de projet, même expérimenté, se trompe sans cesse sur la charge de chaque tâche, en plus ou en moins. Mais, au final, les erreurs se compensent et le budget est fiable et tenu. Il en est de même pour un projet BTP.

Échelle de notation et signification des valeurs obtenues (sixième principe)

Afin de permettre la fusion des évaluations élémentaires, une échelle de notation unique est nécessaire.

Note sur 10	Note sur 20	Niveau
8 et +	16 et +	A
6 et +	12 et +	B
4 et +	8 et +	C
2 et +	4 et +	D
0 et +	0 et +	E
Négatif	Négatif	F

Figure 6.4 : Échelle de notation des actifs immatériels.

Les notes obtenues ont une valeur sectorielle fiable. Comme nous l'avons vu plus haut, sur chaque question élémentaire, le manager peut exprimer une réelle conviction : tel collaborateur est très compétent, tel autre l'est moyennement, ce qui donne toute sa valeur à la note résultante. En outre, la note qu'attribue le manager est une évaluation qui tient compte de l'entreprise et de son environnement. Ce que le manager note, dans notre exemple, c'est bien la compétence de ses collaborateurs les uns par rapport aux autres, par rapport au secteur et aux concurrents.

Une fois les calculs de synthèse effectués, la notation globale indique la valeur de l'actif immatériel par rapport au secteur de l'entreprise. Ainsi, si le capital client d'une entreprise est noté 11/20 (niveau C), cela signifie que d'autres entreprises du secteur peuvent avoir des notes de 17 ou 18 sur le sujet.

Règles d'interprétation des notes (septième principe)

Selon le premier principe, un important écart de notation entre les actifs sources et les collecteurs de cash permettra, longtemps à l'avance, de prédire des difficultés. Illustrons ce point par des exemples extrêmes. Si les actifs sources sont très bons et les actifs de collecte très mauvais, il y a un risque majeur de voir se dégrader le capital client. À l'inverse, si les actifs de collecte sont très bons mais que le capital client est très mauvais (cela peut arriver, par exemple, pour une entreprise installée dans un secteur économique en voie de paupérisation), le risque de dégradation des actifs de collecte est très fort – réduction d'effectif, démotivation, réduction des investissements –, tout comme le risque d'échec de l'entreprise.

Par conséquent, nous tirons deux règles essentielles de ces constats :

- idéalement, les actifs de collecte doivent être mieux notés que les actifs sources. Dans ce cas, les actifs de collecte ont la capacité de satisfaire les clients d'aujourd'hui et de trouver les clients de demain. Mais l'écart ne doit pas être trop important. Un très mauvais capital client est difficile à redresser et risque de ruiner un très bon capital humain ;

- à l'inverse, si les actifs de collecte sont moins bien notés que les actifs sources, le capital client risque de se dégrader d'autant plus vite que l'écart est fort.

D'autres règles et ratios peuvent être déduits de la notation :

- le capital immatériel d'aujourd'hui correspond au capital humain d'hier et d'aujourd'hui. Par conséquent, le capital humain devrait toujours être très bien noté car il constitue la capacité de développement des autres actifs ;

- à l'inverse, si le capital humain est moins bien noté que les autres actifs, ceux-ci ont des chances de se dégrader assez vite : si mes hommes ne sont pas performants, je ne pourrai pas maintenir mon organisation, mon SI ou ma R & D à un bon niveau ;

- si la note du capital humain est bonne et la note de gestion de la connaissance mauvaise (capital savoir), la compétence des experts peut compenser l'absence de savoirs rédigés. Mais cela signifie que l'entreprise sera vulnérable en cas de départ de ses experts : toute la connaissance est dans leur tête.

Un exemple

L'entreprise Lambda[1] exerce dans le secteur des industries alimentaires. De taille moyenne, elle réalise 100 M€ de chiffre d'affaires.

---

1. L'entreprise Lambda présentée ici est issue d'un cas réel, mais, pour des raisons de confidentialité, son domaine d'activité a été modifié et son nom banalisé.

Le dirigeant a souhaité mettre en place un tableau de bord de management basé sur cinq actifs immatériels et un petit nombre de critères afin qu'un suivi annuel puisse être fait aisément.

Après quelques semaines de mise en place du système de mesure, le résultat est le suivant :

> ⮑ Capital Client : 13,5/20   (niveau B-)
>
> ⮑ Organisation : 16/20   (niveau A)
>
> ⮑ Système d'information : 10/20   (niveau C)
>
> ⮑ Capital de Savoir : 13,75/20   (niveau B-)
>
> ⮑ Capital Humain : 11/20   (niveau C)

Figure 6.5 : Synthèse des notes obtenue par l'entreprise Lambda
sur ses actifs immatériels.

Nous avons, sur ces bases, établi une notation des actifs sources et des actifs de collecte. Pour les actifs de collecte, après plusieurs mesures, estimations et discussions avec le dirigeant, nous avons retenu, pour pondérer les actifs immatériels, que le capital humain aurait un coefficient 5, le SI un coefficient 2 et les deux autres actifs immatériels un coefficient 1, conformément aux règles établies dans le deuxième principe.

> ⮑ Actifs sources : 13,5/20   (niveau B-)
> ⮑ Actifs de collecte : 11,6/20   (niveau C+)

Figure 6.6 : Notation des actifs sources et des actifs de collecte de Lambda.

Enfin, la note globale du capital immatériel qui est la moyenne des deux notes établies pour les actifs sources et les actifs de collecte, est calculée. Nous constatons ici qu'elle est de 12,5/20 soit un niveau B -.

➲ Note globale de capital immatériel : 12,5

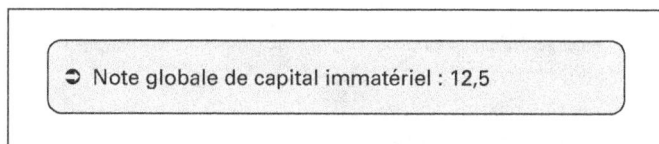

Figure 6.7 : Notation globale du capital immatériel de Lambda.

Ce type de résultat peut paraître peu intéressant : «Mon capital immatériel est noté 12,5 et alors ?». Nous verrons plus loin à quel point cette note est cruciale. En effet, elle permet plusieurs conclusions majeures pour l'entreprise :

- la note est de 12,5, mais elle pourrait être de 18 ! La valeur «gazeuse» de cette entreprise peut donc être fortement améliorée ;

- à ce niveau, le potentiel de création de valeur futur, basé sur les actifs immatériels d'aujourd'hui n'est pas maximal et, par conséquent, la valeur financière globale de cette entreprise n'est pas non plus à son maximum (voir chapitre suivant).

Par ailleurs, l'analyse des autres notes fournit des informations précieuses. Ainsi, il apparaît, que le capital client de l'entreprise est assez bon, mais que les actifs de collecte sont moins bien notés (écart de notation de 16 %). Ce constat permet de conclure que le risque de dégradation du capital client dans le futur est fort et qu'il faut agir vite pour redresser la note des actifs de collecte.

Par ailleurs, le capital humain a une note très moyenne. Il est probable que d'autres actifs immatériels subiront une dégradation dans le futur.

En dernier lieu, le système d'information a tout juste la moyenne. Il conviendra de voir si cela provient de fonctionnalités pauvres ou obsolètes, de problèmes de fiabilité ou d'un coût trop élevé. Si le problème porte sur la fiabilité, l'entreprise tout entière est en situation de risque. Si le problème porte sur les fonctionnalités, il y a une moindre performance sur le plan compétitif (faible contribution du SI au chiffre d'affaires). Si, enfin, le coût du SI est trop élevé, le point faible a, dans ce cas, des conséquences sur la marge.

Zoom sur la notation du capital humain

Le capital humain, comme les autres actifs immatériels, a été noté selon le modèle présenté plus haut.

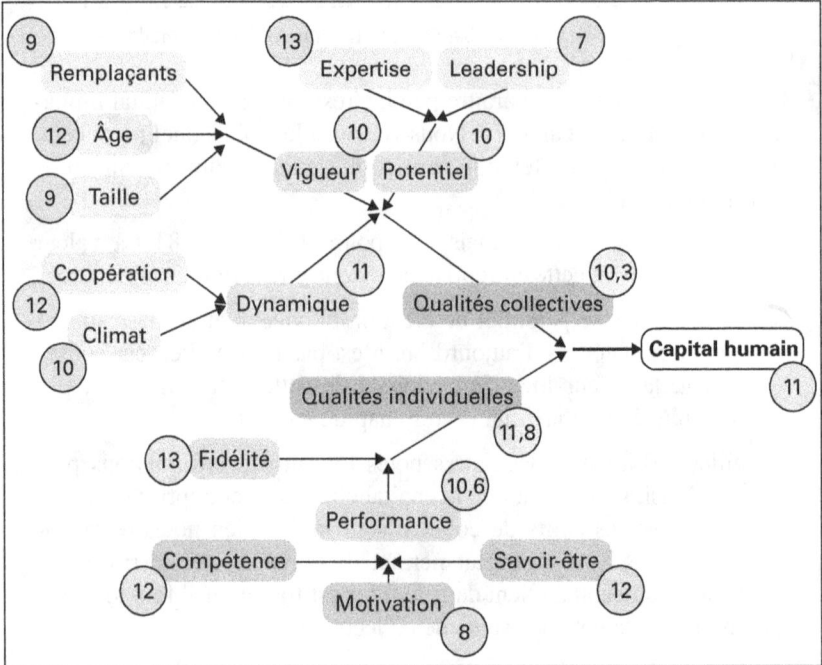

Figure 6.8 : Notation du capital humain de Lambda.

Cette évaluation découle de notre méthodologie intégrant la mesure d'indicateurs objectifs. Chaque critère est noté en calculant la moyenne de notes obtenues sur les critères de niveau inférieur et la notation des critères terminaux de l'arborescence s'obtient grâce aux indicateurs.

Examinons maintenant le critère «qualités individuelles». Le tableau 6.9 montre tous les indicateurs qui ont pu être pris en compte pour noter les quatre critères qui le composent.

Ce tableau montre la valeur calculée des différents indicateurs et les notes correspondantes obtenues. Le passage de la valeur à la note dépend d'un système empirique d'étalonnage qui s'enrichit à mesure des évaluations effectuées. Les deux graphiques qui suivent en donnent des exemples.

Critères	Indicateurs	Valeur	Note
Fidélité			13/20
	A – Départ de dirigeants/effectifs dirigeants début d'année	12%	
	B – Départs de managers/effectifs managers début d'année	21%	
	C – Départ experts/effectifs experts début d'année	18%	
	D – Départ autres salariés/effectif autre salariés début d'année	23%	
	Indicateur composite = (4A+3B+2C+D)/10	17% de turnover	13
		Fidélité = 83%	
Compétence			12/20
	Niveau moyen d'études dirigeants, managers, experts	Bac+2	10
	Niveau moyen étude autres	Bac	11
	Ancienneté moyenne dans la fonction	3,5 ans	13
	Budget formation/masse salariale	4%	13
Motivation			8/20
	Absentéisme	7%	7
	Facilité du management à obtenir un dépassement d'horaire	Difficile	7
	Évaluation des systèmes de rémunération (variable et primes)	Moyen	10
Savoir être			12/20
	Enquête de satisfaction client sur ce critère	Assez bien	13
	Baromètre social sur ce critère	Correct	11

Figure 6.9 : Notation des indicateurs et critères relatifs aux qualités individuelles du capital humain de Lambda.

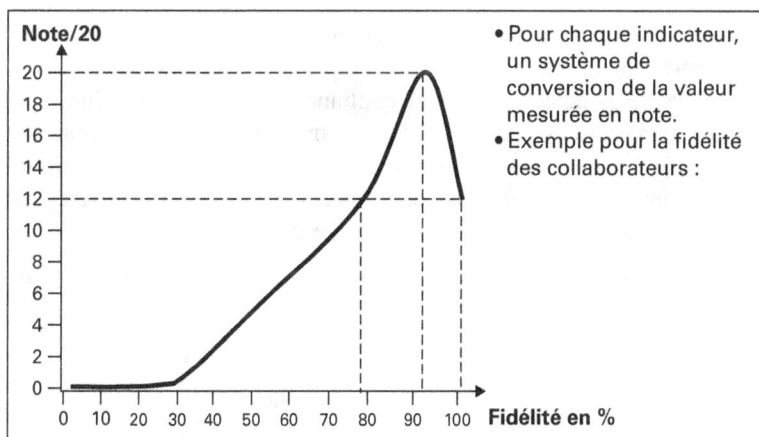

Figure 6.10 : Système de notation de la fidélité des collaborateurs.

La fidélité «idéale» des collaborateurs n'est pas de 100 %. Il faut que le capital humain «respire». Mais, à l'inverse, un turnover élevé induit une importante destruction de valeur immatérielle. Le graphique ci-dessus traduit cette réalité. Il résulte de nombreuses mesures et discussions avec des dirigeants et directeurs des ressources humaines. Ce graphique est une sorte de moyenne générale, tous secteurs confondus, mais de grosses variations sectorielles existent.

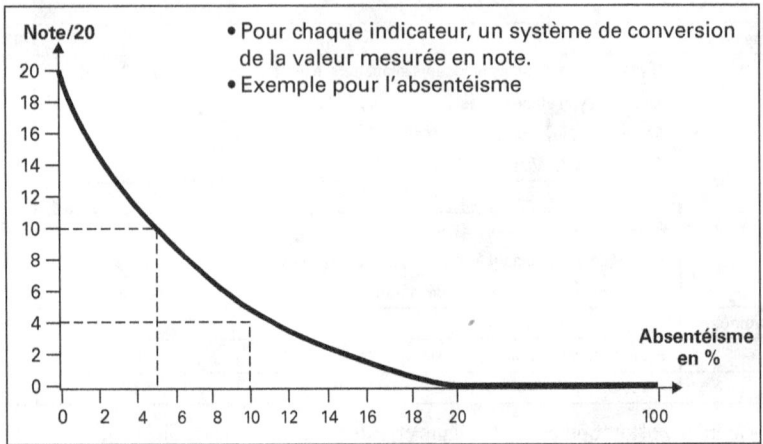

Figure 6.11 : Système de notation de l'absentéisme des collaborateurs.

Les qualités collectives sont notées selon le même principe. Ainsi, la dynamique collective provient de la combinaison du climat interne de l'entreprise (qualité du dialogue social, pression et stress sur le lieu de travail, management basé sur la confiance ou sur la suspicion, fréquence des conflits sociaux, etc.) et de la propension des collaborateurs à coopérer (esprit général de compétition ou non, qualité de la communication interne, intensité des échanges entre les services, différences culturelles mal gérées suite à une fusion, etc.).

La vigueur du capital humain est, pour sa part, composée de trois principaux critères :

- la présence de remplaçants en cas de défection à un poste clé ;
- l'âge moyen qui peut exposer à un problème de «papy boom» et qui doit être en phase avec le métier de l'équipe (par exemple, l'âge moyen idéal dans une équipe d'ingénieurs informatique se

situe autour de 30 ans. Mais, dans l'équipe commerciale d'une société financière spécialisée dans la gestion de patrimoine, il est plutôt de 50 ans);

- la taille de l'équipe qui ne doit être ni trop grande (problème de rentabilité), ni trop petite (problème de qualité de service ou risque d'épuisement).

Dans ce modèle, les critères sont en étroite relation avec la capacité de l'actif (ici, le capital humain) à créer de la valeur. Ainsi, le principe de décomposition gigogne cherche à dégager, à chaque niveau d'approfondissement, les principaux facteurs d'influence du niveau supérieur. La congruence sémantique de la décomposition renforce en outre sa crédibilité : les qualités individuelles des salariés dépendent de leur fidélité et de leur performance, la performance dépend elle-même de la compétence, de la motivation et du savoir être. Cette décomposition, pleine de sens, est congrue. Les liens sémantiques entre les mots constituent la structure logique de l'arborescence. C'est ce qui rend le travail de notation fiable.

En outre, cette approche permet de descendre au cœur de la qualité d'un actif immatériel, afin d'en déceler tous les points de force et de faiblesse.

Dans le présent exemple, au-delà de la note, un plan d'action visant à renforcer le capital humain est ainsi immédiatement réalisable car un certain nombre de points faibles détectés doivent faire l'objet de mesures prioritaires :

- déficit de leadership;
- insuffisance de remplaçants;
- taille des équipes mal notée (ici, plusieurs équipes ont été jugées trop petites);
- climat et motivation en berne.

Cette entreprise, performante par ailleurs au plan financier, jouit d'un bon capital client et de bons produits. Compte tenu des constats faits sur le capital humain, il apparaît toutefois qu'elle vit sur ses acquis et risque d'être fragilisée à long terme si elle ne met pas en place un projet RH.

Enseignements retirés de campagnes de notation : potentiel et limites

En l'état actuel de l'art, la notation des actifs immatériels d'une entreprise souffre d'une limite qui disparaîtra avec le temps : la comparaison entre entreprises est impossible, faute de référentiel de mesure.

Une expérience intéressante a été menée en 2004 par le ministère du Travail et de l'Économie allemand pour réaliser des bilans de capital immatériel de PME. La démarche a été conduite auprès de quatorze PME qui ont publié un rapport de capital immatériel sur le même modèle *(Wissensbilanz)*. Ces résultats ne peuvent pas être considérés comme un référentiel exploitable; toutefois, l'initiative mériterait d'être largement déployée partout en Europe.

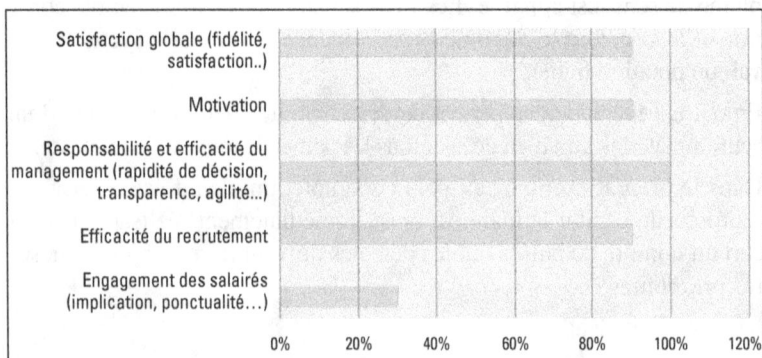

Figure 6.12 : Extrait du rapport de capital immatériel (2004) de l'entreprise berlinoise Bad & Seitung. Indicateurs du capital humain.

L'entreprise a procédé, avec l'aide d'un consultant, à sa propre évaluation. Celle-ci a porté sur son capital humain, son capital client et son capital structurel. On reconnaît ainsi une forte influence du modèle de Michaël Malone de Leif Edvinsson[1] sur l'initiative allemande. Comme on le constate, l'entreprise juge plutôt négativement l'implication de ses collaborateurs. La transparence de l'évaluation est assez exemplaire. En effet, les quatorze rapports de capital immatériel sont accessibles sur Internet. Ce point révèle probablement une différence

---

1. *Ibid.*

culturelle notoire entre la France et l'Allemagne, car nos évaluations sont toujours confidentielles.

Cette absence de base de comparaison se heurte à un double problème : le sujet est récent et, bien qu'il retienne l'attention de la plupart des acteurs économiques, il n'a pas encore provoqué de passage massif à l'action dans les entreprises. En outre, la création d'un référentiel peut susciter la méfiance car il impose de fournir des informations sur des données que l'entreprise considère confidentielles en général (fidélité des clients, importance de la R & D, etc.).

Mais cette limite temporaire ne doit pas masquer les avantages déjà immenses de la notation. Celle-ci permet en effet :

- de comparer plusieurs entités d'une même entreprise entre elles. C'est le benchmarking interne ;

- de comparer les progrès que fait une entreprise d'une période à l'autre ;

- de relier la réalité locale et la vision globale, ce qui permet au dirigeant d'orienter son action à haut niveau et non d'agir à un niveau de détail. Ainsi, dans notre exemple, le dirigeant doit considérer l'amélioration de son capital humain comme une priorité. Constater simplement que certaines équipes doivent être renforcées ou que la motivation semble décliner ne permet pas cette prise de conscience. C'est pour cette raison que les décisions d'améliorer tel ou telle carence observée dans une entreprise tardent souvent à être mise en œuvre ou ne sont pas menées à terme : leur importance stratégique n'est pas perçue.

Nous avons également observé que la présence permanente du dirigeant dans son entreprise lui donnait souvent l'impression de la connaître par cœur. Pourquoi dès lors mesurer ce que l'on connaît ? Cependant, la mesure des indicateurs et la notation des actifs immatériels s'avère toujours très éclairante pour lui. Les aspects surestimés ou sous-estimés de son capital immatériel se révèlent nombreux : climat interne, qualité du processus de gestion de la connaissance, fidélité des clients, etc. Pire, le décalage entre la perception et la réalité augmente à mesure que l'on descend dans l'organigramme. Le dirigeant, même s'il se trompe ici ou là, a en général une assez bonne vision globale de l'état immatériel de son entreprise, mais ce n'est pas le cas de ses collaborateurs !

Forts de ces enseignements, nous recommandons aux dirigeants de constituer des tableaux de bord de capital immatériel basés sur les principes de notation que nous avons vus dans ce chapitre. Ils leur permettront un pilotage plus pertinent de leur entreprise et des prises de décision directement reliées au processus de création de valeur. Ils leur permettront en outre de partager avec leurs collaborateurs une vision nouvelle du management de la performance.

Chapitre 7

Calcul de la valeur des actifs immatériels

Place de l'évaluation par les actifs immatériels en regard d'autres méthodes

Rappels sur les techniques d'évaluation classiques les plus utilisées

L'exercice qui consiste à définir un prix pour une entreprise fait appel à de nombreuses techniques prenant en compte la rentabilité de manière directe ou indirecte. Ainsi dira-t-on que les entreprises de tel secteur s'achètent et se vendent un certain multiple de leur rentabilité.

Lorsque la rentabilité n'apparaît pas dans les calculs ou les débats, c'est simplement parce que l'expérience de l'évaluateur a converti la promesse de gains futurs, basée sur la rentabilité passée et présente, en une autre grandeur. Dans certains secteurs ou pour certains évaluateurs, le point de repère est ainsi le chiffre d'affaires (cette entreprise vaut 0,8 fois son chiffre d'affaires).

Pour les entreprises non cotées, la méthode d'évaluation par comparaison est très souvent utilisée. Cette approche intègre la rentabilité, mais aussi la loi de l'offre et de la demande : cette entreprise vaut tant, parce qu'elle est analogue à cette autre entreprise qui a été vendue à tel prix.

Sur le marché financier, les entreprises ont une valeur qui dépend avant tout de la loi de l'offre et de la demande, mais les points de repère des analystes et des investisseurs sont également fondés sur une appréciation de la rentabilité de l'entreprise. À la Bourse, la rentabilité future est prise en compte, grâce à la méthode des cash-flows actualisés. L'entreprise vaut la somme actualisée des cash-flows qu'elle rapportera dans le futur.

K€	2005	2006	2007	2008	2009	2010	2011	2012	2013	2014	2015	201
CA	10000	11600	13456	15609	18106	21003	24364	28262	32784	38030	44114	511
Croissance %		16 %	16 %	16 %	16 %	16 %	16 %	16 %	16 %	16 %	16 %	16
EBIT	1000	1160	1346	1561	1811	2100	2436	2826	3278	3803	4411	51
EBIT %		10 %	10 %	10 %	10 %	10 %	10 %	10 %	10 %	10 %	10 %	10
Impôt		-396	-448	-520	-603	-699	-811	-941	-1092	-1266	-1469	-17
Impôts %		33 %	33 %	33 %	33 %	33 %	33 %	33 %	33 %	33 %	33 %	33
Amort.		116	135	156	181	210	244	283	328	380	441	51
Amort. %		1 %	1 %	1 %	1 %	1 %	1 %	1 %	1 %	1 %	1 %	1
BFR	300	348	404	468	543	630	731	848	984	1141	1323	153
BFR %	3 %	3 %	3 %	3 %	3 %	3 %	3 %	3 %	3 %	3 %	3 %	3
Var. BFR		-48	-56	-65	-75	-87	-101	-117	-136	-157	-183	-2
Capex		-58	-67	-78	-91	-105	-122	-141	-164	-190	-221	-25
		0,5 %	0,5 %	0,5 %	0,5 %	0,5 %	0,5 %	0,5 %	0,5 %	0,5 %	0,5 %	0,5
Free Cash Flow	ns	784	909	1055	1223	1419	1646	1909	2215	2569	2980	34
Free Cash Flow cumul	0	784	1693	2747	3971	5390	7036	8945	11160	13730	16710	201

Figure 7.1 : Cash-flows disponibles de la société Omega sur dix ans.

Ainsi, comme le montre l'exemple de la société Omega, l'analyste financier, pour évaluer la valeur de l'entreprise, prend en compte le projet de développement de l'entreprise à long terme, tel qu'il est présenté dans le business plan. Il en déduit une croissance du chiffre d'affaires et une croissance de la rentabilité d'exploitation, l'*Earnings Before Interest and Taxes* (EBIT). À cette rentabilité d'exploitation est ajoutée le montant des amortissements et provisions, ce qui donne le cash-flow, c'est-à-dire la marge brute d'autofinancement ou encore *Earning Before Interest, Taxes, Depreciation and Amortization* (EBITDA).

Après avoir retranché la fiscalité à l'EBITDA, il faut encore soustraire deux montants pour aboutir au free cash-flow (marge brute d'autofinancement disponible), c'est-à-dire le flux de richesse brute que l'entreprise rapportera dans le futur. Ces deux montants sont :

- la variation du Besoin en Fond de Roulement (BFR)[1] car l'augmentation du BFR vient, tous les ans, réduire les disponibilités ;

- les dépenses en capital, souvent appelées « *Capital Expenditure* » (Capex), qui correspondent aux investissements que l'entreprise engagera dans le futur pour accompagner son développement.

Le calcul DCF ne s'arrête pas là. Une fois le free cash-flow des années futures calculé, il faut en actualiser les montants. Ceci se fait en appliquant à chaque free cash-flow annuel un coefficient d'actualisation.

Ce coefficient a pour effet de réduire le montant du free cash flow d'une année à venir d'autant plus que le risque d'échec de l'entreprise semble fort.

Pour bien comprendre le principe d'actualisation, il faut se mettre à la place de l'investisseur. En effet, celui-ci n'accepte d'acheter des parts de cette entreprise que si cela en vaut la peine. Il faut que l'investissement lui rapporte plus que des placements sans risque tels que les Obligations Assimilables du Trésor (OAT). Ainsi, s'il choisit d'acheter 100 euros d'OAT, cela lui rapportera, en un an, 5 euros (le taux de rendement des OAT est ici, par exemple, de 5 %). Pour qu'il choisisse d'investir dans l'entreprise, il faut que celle-ci lui rapporte plus que 5 %. Mais combien en plus ? Cela dépend de l'activité de l'entreprise. Si son risque opérationnel est faible, la perspective d'un rendement légèrement supérieur à des obligations suffira. Mais si l'activité est plus fragile, l'actionnaire n'acceptera de prendre le risque que si le profit potentiel est très élevé.

Le principe d'actualisation consiste à faire ce raisonnement à l'envers. Si l'entreprise rapporte 100 euros l'an prochain, la valeur actuelle de ce résultat est de 100/(1 + coefficient d'actualisation). Si l'entreprise rapporte 100 euros dans deux ans, la valeur actuelle est de : $100/(1 + \text{coefficient d'actualisation})^2$. Etc. La construction du coefficient d'actualisation est expliquée plus loin.

La formule des discounted cash-flows consiste donc à actualiser les free cash-flows futurs. Ainsi, comme le montre le tableau ci-dessous, la valeur cumulée des free cash-flows sur dix ans est pour Omega de 20,167 M€, mais la valeur actuelle correspondante est de 9,006 M€.

---

1. Besoin en Fonds de Roulement (BFR) = différence entre les besoins d'exploitation (stock et clients pour l'essentiel) et les ressources d'exploitation (dette fournisseurs).

K€	2005	2006	2007	2008	2009	2010	2011	2012	2013	2014	2015	2016
CA	10000	11600	13456	15609	18106	21003	24364	28262	32784	38030	44114	5117
Croissance %		16 %	16 %	16 %	16 %	16 %	16 %	16 %	16 %	16 %	16 %	16 %
EBIT	1000	1160	1346	1561	1811	2100	2436	2826	3278	3803	4411	5117
Marge d'EBIT		10 %	10 %	10 %	10 %	10 %	10 %	10 %	10 %	10 %	10 %	10 %
Impôt		-396	-448	-520	-603	-699	-811	-941	-1092	-1266	-1469	-1704
Impôts %		33 %	33 %	33 %	33 %	33 %	33 %	33 %	33 %	33 %	33 %	33 %
Amort.		116	135	156	181	210	244	283	328	380	441	512
Amort. %		1 %	1 %	1 %	1 %	1 %	1 %	1 %	1 %	1 %	1 %	1 %
BFR	300	348	404	468	543	630	731	848	984	1141	1323	1535
BFR %	3 %	3 %	3 %	3 %	3 %	3 %	3 %	3 %	3 %	3 %	3 %	3 %
Var. du BFR		-48	-56	-65	-75	-87	-101	-117	-136	-157	-183	-212
Capex		-58	-67	-78	-91	-105	-122	-141	-164	-190	-221	-256
		0,5 %	0,5 %	0,5 %	0,5 %	0,5 %	0,5 %	0,5 %	0,5 %	0,5 %	0,5 %	0,5 %
Free Cash Flow	ns	784	909	1055	1223	1419	1646	1909	2215	2569	2980	3457
Free Cash Flow cumul	0	784	1693	2747	3971	5390	7036	8945	11160	13730	16710	20167
Coefficient d'actualisation		1,00	0,87	0,76	0,66	0,57	0,50	0,43	0,38	0,33	0,28	0,25
Cash Flow annuel actualisé		783,7	790,5	797,4	804,3	811,3	818,4	825,5	832,7	839,7	847,2	854,4
Cash Flow actualisé	0	784	1574	2372	3176	3987	4806	5631	6464	7304	8151	9006
Valeur terminale	28811											
Valeur terminale actualisée	7122											
Somme des cash-flow actualisée	9006											
Endettement	500											
Valeur d'entreprise en K€	15627											

Wacc (Taux d'actualisation)
15 %

Taux de croissance Long terme
3 %

Figure 7.2 : Cash-flows actualisés de la société Omega.

Pour connaître la valeur de l'entreprise, deux opérations complémentaires sont nécessaires. La première consiste à calculer une valeur résiduelle (ou terminale)[1]. En général, le calcul DCF se fait sur dix ans et une valeur terminale doit donc être calculée pour les années suivantes afin d'éviter un tel calcul à l'infini. Une fois calculée, cette valeur terminale est actualisée à son tour. La valeur de l'entreprise est donc :

Σ cash-flows actualisée + valeur terminale actualisée.

Dans l'exemple ci-dessus, le montant obtenu est de 16,127 M€.

La seconde opération consiste à retrancher de la valeur de l'entreprise ainsi calculée le montant des dettes, car une partie des cash-flows futurs servira à rembourser les éventuelles dettes. Dans notre exemple, il y a 500 k€ de dettes. La valeur de l'entreprise est donc de 15,627 M€.

Comment est calculé le coefficient d'actualisation?

Ce coefficient, encore appelé « *Weighted Averaged Cost of Capital* » (WACC)[2], correspond au coût du capital.

WACC = (coût de la dette × poids de la dette) + (coût des fonds propres × poids des fonds propres).

Comme nous l'avons vu plus haut, l'actionnaire n'acceptera de louer ses capitaux à l'entreprise que si celle-ci lui assure un rendement supérieur ou égal à ce taux.

Analysons maintenant la structure du WACC. Le coût de la dette est une notion assez intuitive : il s'agit du taux moyen d'intérêt des emprunts contractés par l'entreprise, diminué du taux d'impôts sur les résultats :

Coût de la dette = taux moyen du crédit × (1 – taux d'impôt sur les sociétés).

Pourquoi doit-on amputer le taux moyen de crédit du taux d'imposition ? C'est très simple : imaginons deux situations pour une même entreprise. Dans le premier cas, elle n'est pas endettée et dégage une rentabilité de

---

1. Le calcul de la valeur terminale se fait grâce à la formule de Gordon-Shapiro: dernière valeur de cash-flows libres calculés/(WACC – taux de croissance à long terme).
2. On peut le traduire par: « Coût du capital moyen pondéré ».

100 000 euros. Elle payera alors des impôts sur cette somme. Dans le second cas, elle doit s'acquitter du remboursement d'un emprunt pour 10 000 euros, et ne sera donc imposée que sur 90 000 euros. Il apparaît clairement que l'argent servant à rembourser la dette (10 000 euros) serait imposé, s'il n'y avait pas de dette. Le coût net de la dette est amputé du coût de l'impôt, tout simplement parce que, s'il n'y a pas de dette, on doit payer des impôts sur tout l'argent gagné.

Le coût des fonds propres est calculé statistiquement pour les entreprises cotées. Il résulte de l'addition de deux taux :

> Coût des fonds propres = taux de rendement des obligations d'état + prime de marché (taux rentabilité moyenne attendue sur le marché financier) multipliée par un coefficient de risque, le bêta, propre à l'entreprise (plus le bêta est fort, plus l'activité de l'entreprise est risquée).

Ainsi :

> Coût des fonds propres = taux OAT + (prime de marché × bêta).

Pour les entreprises non cotées, le coût des fonds propres est évalué de manière plus empirique et dépend beaucoup de l'appréciation de l'analyste. Dans l'exemple ci-dessus, le WACC est ainsi de 15 % et dépend pour l'essentiel d'un coût des fonds propres du même ordre, compte tenu du faible endettement de l'entreprise.

Positionnement des évaluations de l'immatériel par rapport à ces méthodes

La valorisation du capital immatériel ne s'oppose pas à ces approches, elle les complète. Dans l'exemple de la société Oméga, il est ainsi indispensable d'étudier la valeur des actifs immatériels pour savoir si l'entreprise va tenir ses promesses de développement ou non. En effet, une croissance importante et durable des bénéfices (de 16 % par an sur une très longue période dans notre exemple, ce qui est une hypothèse d'école), ne peut pas se réaliser sans de très bons clients, des salariés motivés, des marques reconnues, etc.

Dans les pages qui suivent, une méthode qui permet de mesurer la valeur financière des actifs immatériels de l'entreprise est présentée. Ainsi existe-t-il finalement trois grandes manières d'apprécier la valeur d'une entreprise :

- les méthodes fondées sur l'étude des revenus futurs qui consistent à étudier ou à escompter, par une méthode plus ou moins sophistiquée, sa future rentabilité (PER, DCF, etc.) et à en déduire une valeur;

- les méthodes s'appuyant sur l'étude de «comparables», dans lesquelles l'entreprise est comparée à d'autres entreprises ayant fait récemment l'objet d'une transaction;

- les méthodes que l'on pourrait qualifier de «comptables étendues», fondées sur la valeur des fondamentaux matériels et immatériels. Comme nous le présentons ci-dessous, notre méthode, qui vise à apprécier la valeur financière des actifs immatériels actuels de l'entreprise, entre dans cette troisième catégorie.

Ces trois approches méritent d'être combinées et non pas mises en opposition pour obtenir la meilleure estimation de la valeur d'une entreprise.

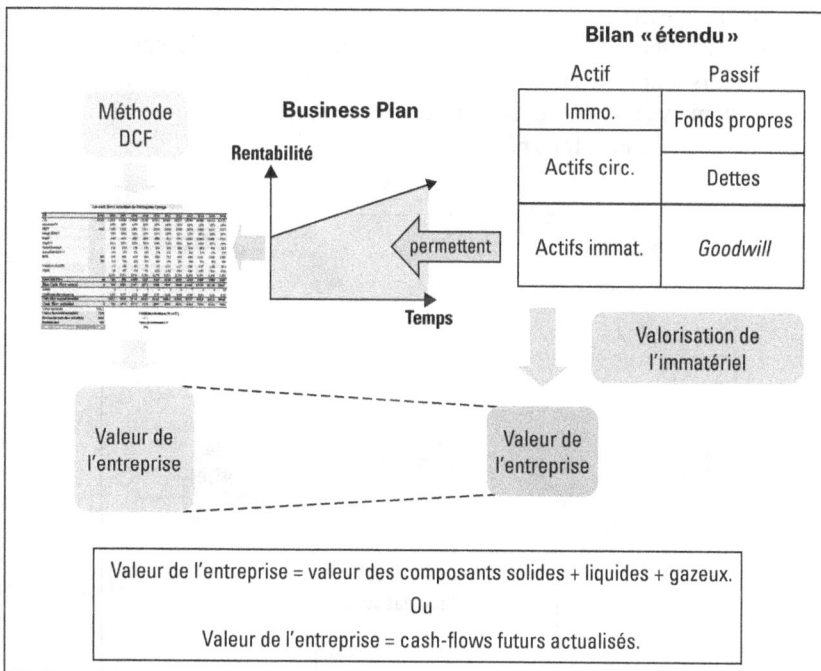

Figure 7.3 : Comparaison des évaluations par les DCF et par le capital immatériel.

C'est d'autant plus souhaitable que les méthodes fondées sur les flux futurs de valeur (DCF) et celles reposant sur les fondamentaux matériels et immatériels sont convergentes, comme l'illustre le schéma 7.3. Ce schéma indique que la rentabilité future de l'entreprise ne peut être générée sans actifs matériels et immatériels. Ce sont ces actifs actuels qui permettent la rentabilité future. Par conséquent, ces actifs actuels ont une valeur correspondant à la richesse qu'ils vont permettre de générer. Deux calculs, l'un basé sur la valeur des composants fonda-mentaux de l'entreprise (tangibles et intangibles) que nous allons voir plus loin, l'autre sur la promesse de rentabilité future qui résulte du business plan vont donner deux résultats qu'il faut comparer. Il est nor-mal que ces calculs ne donnent pas le même résultat puisque l'appro-che par les cash-flows futurs prend en compte la valeur qui sera générée demain par des actifs qui n'existent pas encore (clients, usines, salariés de demain, etc.) alors que la méthode du capital immatériel ne prend en compte que la valeur qui sera créée demain, par les actifs qui existent aujourd'hui.

La comparaison de ces deux évaluations permet d'éviter les erreurs. Plus le résultat DCF est éloigné du résultat obtenu par la valorisation des actifs immatériels, plus l'acheteur prend un risque. Il convient alors d'analyser l'écart et de réitérer le calcul, en prenant un coefficient d'actualisation plus fort, par exemple.

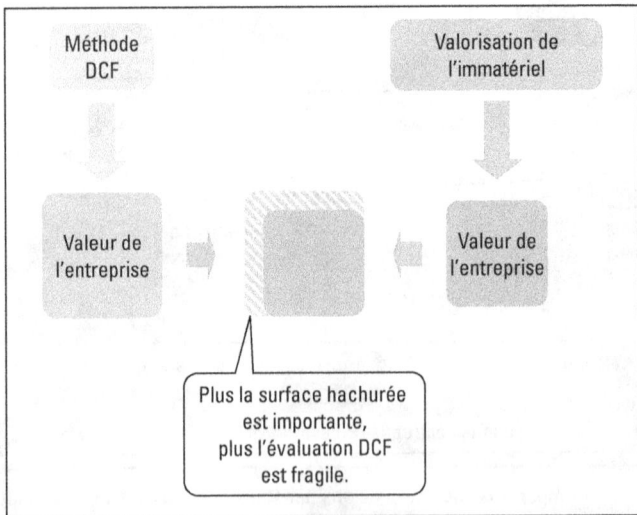

Figure 7.4 : Analyse des écarts entre une évaluation immatérielle et une évaluation DCF.

Le résultat de ces opérations aboutit à la valeur théorique (ou repère) de l'entreprise. Les méthodes basées sur les comparables conduisent en revanche à une évaluation différente : celle du prix de l'entreprise (voir plus bas).

Valeur et prix : deux notions distinctes

La valeur repère (ou théorique) calculée par une approche classique (DCF), innovante (capital immatériel) ou par une combinaison des deux, sert de base objective à la fixation d'un prix de transaction. Elle facilite les négociations et permet d'encadrer la loi de l'offre et de la demande.

La valeur et le prix sont ainsi deux notions distinctes. Il convient donc de clarifier ce qui compose le prix d'une entreprise et la part qu'y occupent la valeur matérielle, la valeur immatérielle et d'autres survaleurs.

Le schéma ci-dessous présente la décomposition du prix d'une entreprise, selon une approche respectant la philosophie IAS-IFRS (qui s'imposera un jour ou l'autre pour toutes les entreprises de la zone euro).

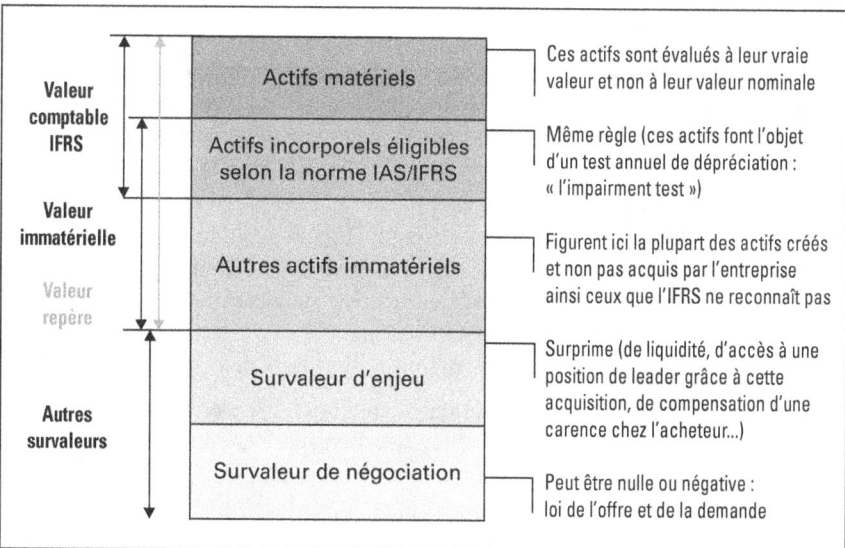

Figure 7.5 : Décomposition de la valeur de transaction d'une entreprise.

Comme le montre ce schéma, la valeur théorique ou repère de l'entreprise (valeur matérielle + valeur immatérielle) ne correspond pas nécessairement à son prix ou à sa valeur de transaction. Ce travail de décomposition permet, en premier lieu, de clarifier les concepts et de mieux se comprendre. Mais, surtout, il réduit les risques de survalorisation ou de sous-valorisation. En effet, si un acheteur étudie avec soin chaque segment de valeur (ce qui impose une valorisation financière de l'immatériel), son risque de survalorisation diminue. Aujourd'hui, le travail de l'évaluateur reste, pour beaucoup, un travail global où tous les éléments intervenant dans la fixation du prix, bien que pris en compte, sont mélangés.

Notons que les méthodes basées sur les comparables aboutissent directement à un prix et non à une valeur repère.

Principes de la méthode de valorisation financière par le capital immatériel

Il ne s'agit pas d'une science exacte (premier principe)

Si tant de méthodes existent pour évaluer les entreprises, c'est parce que nous n'évoluons pas dans un domaine de sciences exactes. La méthode DCF est mathématiquement juste, mais elle repose sur des hypothèses bien fragiles contenues dans le business plan. Même si cette méthode est appliquée à un groupe coté et que le coefficient de risque est établi sur des statistiques boursières, le résultat n'est pas fiable. Ce n'est pas parce que la prime de marché et le bêta (voir plus haut) ont fluctué d'une certaine manière dans le passé qu'il en sera de même dans le futur. Tout dépend du contexte. C'est notamment pour cette raison que la volatilité des marchés financiers ne cesse de croître.

La grande contribution du capital immatériel est de proposer une approche basée sur les fondamentaux de l'entreprise. Ainsi, en combinant cette évaluation avec d'autres, on se rapproche de la vérité selon une démarche qui demeure encore imprécise et incertaine.

Pluralité des méthodes de valorisation des actifs immatériels (second principe)

Les marques et les brevets sont les actifs immatériels qui ont déjà fait l'objet de nombreux travaux de valorisation, leur étude montre des points communs assez nombreux. Ainsi, pour les marques, recense-t-on principalement trois types d'approches :

- les méthodes basées sur les coûts historiques, où la marque est valorisée par sommation des coûts qui ont été engagés pour la créer ;

- les méthodes de suppléments de revenus fondées sur le calcul du supplément de revenus générés par la seule marque. Ces méthodes consistent à calculer le delta de prix et de volume que la marque génère par rapport à un produit générique analogue ou à un produit MDD (Marque Du Distributeur) ;

- les méthodes de calcul par exonération de redevances. Dans cette approche, c'est l'économie de location ou d'achat d'une marque équivalant à celle que l'entreprise possède, qui est calculée.

Pour les brevets, quatre méthodes sont également utilisées :

- les méthodes par les coûts historiques ;

- les méthodes par les rendements (bénéfices futurs) que génèrera le brevet ;

- les méthodes par les redevances, que le brevet permettra de percevoir si des licences d'exploitation sont consenties à des tiers ;

- les méthodes par les comparables sur des transactions ayant eu lieu.

Les trois principes de base déjà cités pour la valorisation des entreprises elles-mêmes sous-tendent ces méthodes :

- le principe d'actualisation des revenus futurs ;

- le principe de valeur comptable qui n'est autre que celui des coûts historiques ;

- le principe d'étude de comparables.

Ces techniques vont être mises en œuvre pour calculer la valeur des actifs immatériels. Notre approche consiste finalement à appliquer, à des composants de l'entreprise, des techniques d'évaluation déjà en vigueur pour des entreprises entières. Cela nous permet de réduire les risques d'erreur en travaillant à un niveau de maille plus fin. Ainsi, la valeur de tout actif, matériel ou immatériel, peut être étudiée sous trois angles :

- son coût de création ou de remplacement peut être considéré comme sa valeur. Nous appellerons cette valeur **V**aleur établie par estimation des coûts de **C**réation ou de **RE**mplacement (V-CRE). La méthode de calcul de la valeur basée sur les coûts historiques est utilisée pour les biens matériels. Elle suscite toutefois beaucoup de réticence pour les actifs immatériels. En effet, certains brevets, certaines marques ou d'autres actifs immatériels peuvent avoir coûté très cher et ne plus rien valoir. Sans écarter cette option de valorisation, nous suggérons de procéder à un autre calcul : celui du coût de remplacement. Bien que plus théorique, il permet de répondre à une question pertinente en regard d'une estimation de valeur : quel investissement optimal faudrait-il engager pour reconstituer l'actif immatériel dont nous disposons ? Cette estimation, comparée ou non à la valeur obtenue par les coûts historiques, permet de se rapprocher de la vérité. Par exemple, nous avons un logiciel de gestion des stocks qui a coûté 1 M€, mais nous n'avons pas été performants pour développer ce logiciel. Si c'était à refaire, nous pourrions y arriver avec 700 K€. Dans ce cas, la V-CRE de ce logiciel sera estimée à 700 K€ et non à 1 M€. Ce principe est une sorte de généralisation de l'approche de James Tobin[1] et de son fameux ratio Q qui correspond au rapport entre la valeur de marché d'une firme et la valeur de remplacement de ses actifs ;

- la somme actualisée des flux futurs de rentabilité générés par l'actif étudié peut également être considérée comme sa valeur. Nous l'appellerons **V**aleur de **RE**nd**e**ment (V-REND) ;

- le montant de transaction sur des actifs comparables peut également servir à établir sa **V**aleur issue d'une **COMP**araison (V-COMP).

Nous constaterons plus loin que ces valeurs sont structurellement différentes et que pour un actif immatériel donné, elles aboutissent en général à des résultats différents. Les valeurs qu'elles permettent de calculer ne sont équivalentes que dans des cas particuliers.

---

1. Prix Nobel d'économie.

Valorisation des actifs existant au moment de l'étude (troisième principe)

Notre méthode consiste à estimer la valeur des actifs matériels et immatériels existants mais pas des actifs futurs. Ceci est particulièrement important pour une PME. L'entrepreneur qui reprend une PME n'achète pas les clients de demain, ni les hommes de demain, sans quoi il achète son propre travail ou ses propres décisions. Idem pour l'investisseur. Il n'a pas de raison d'acheter quelque chose qui n'existe pas encore.

La question clé qu'acheteurs et vendeurs doivent donc se poser est : que valent les différents constituants actuels de l'entreprise, les actifs tangibles et intangibles identifiables aujourd'hui ?

Libre à chacun, ensuite, de faire un pari sur l'avenir. Tout cela peut entrer dans l'établissement du prix, mais la belle histoire à venir ou le pari ne font pas partie du capital immatériel au sens où nous l'entendons ici.

La méthode DCF prend en compte les flux de valeur qui seront créés dans le futur par des actifs qui n'existent pas encore. Malgré l'existence du coefficient d'actualisation, ces calculs semblent peu pertinents pour une PME, en vertu du présent principe. En revanche, pour l'investissement sur les marchés financiers, la réalité est différente. La méthode DCF est adaptée dans ce cas. En effet, un investisseur institutionnel ou individuel n'a qu'une assez faible influence sur l'entreprise et sur ses actifs actuels et futurs. Il achète donc la capacité d'un organisme de grande taille à entretenir sa prospérité selon un principe d'homéostasie[1]. Dans ce cas, un calcul actualisé de création de valeur à l'infini est cohérent. Mais, à notre avis, il cesse de l'être lorsque l'investisseur devient un acteur important.

Classement des actifs immatériels en sources et en collecteurs de cash (quatrième principe)

Ce principe a déjà été exposé dans la méthode de notation. Il est à nouveau très important ici. Le schéma ci-dessous montre que, au cours d'un exercice, la valeur créée (une fraction du résultat) provient des clients et se trouve «captée» par les autres actifs en échange des produits et service vendus.

---

1. Ce terme, issu de la biologie, signifie que tout être vivant met en œuvre les moyens et les processus permettant sa propre perpétuation.

La valeur de rendement instantanée moyenne d'un client est donc la rentabilité de celui-ci. Elle peut se calculer comme suit :

Cash-flow total/nombre de clients ou EVA/nombre de clients

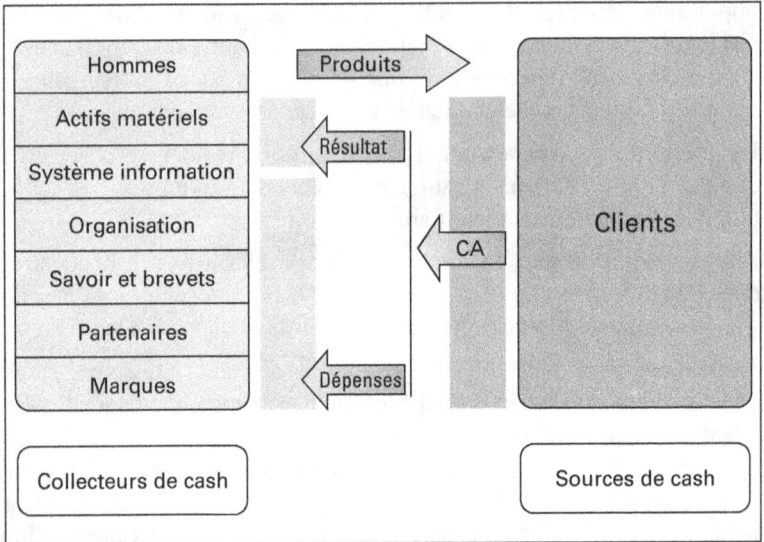

Figure 7.6 : Actifs immatériels sources et collecteurs de cash.

De même, la valeur de rendement du capital humain est théoriquement calculable. C'est la part du cash-flow de l'année attribuable aux hommes. Sachant que d'autres parties du cash-flow de l'année sont attribuables au système d'information, à l'organisation, aux marques, au capital savoir, aux fournisseurs et aux actifs matériels.

Une difficulté est ici clairement perceptible : comment définir de manière vraisemblable la part de la valeur créée pendant une année qui soit attribuable à chaque actif de collecte ? Une méthode sera proposée ci-dessous.

Ce quatrième principe nous permet de prendre conscience d'une autre réalité concernant les méthodes de valorisation. Il est possible de faire la somme des valeurs de création-remplacement, lorsqu'on veut apprécier la valeur d'une entreprise. C'est la logique de la comptabilité traditionnelle. Mais c'est impossible avec les valeurs de rendement car la valeur de rendement des clients est égale à 100 % de la valeur qui sera créée dans le futur par l'entreprise. Ajouter cette valeur de rendement aux autres reviendrait à compter deux fois la même chose.

Corrélation entre la notation des actifs immatériels et la performance économique (cinquième principe)

À chaque fois que nous procédons, dans le cadre de nos missions, à la notation des actifs immatériels d'une entreprise, nous évaluons également sa performance économique. Bien que notre échantillon soit encore limité (une vingtaine de cas), nous avons établi qu'un fort coefficient de corrélation (0,85) existait entre la notation des actifs, telle que nous la pratiquons, et la rentabilité de l'entreprise.

Ceci signifie que, lorsque le capital immatériel d'une entreprise est noté A, elle a un taux de rentabilité élevé ou très élevé dans son secteur. Lorsque la note moyenne est B, le taux de rentabilité est bon ou assez bon pour le secteur. La note immatérielle C, correspond à une rentabilité moyenne. Avec les notes à D ou E, la rentabilité est faible ou nulle. Enfin, avec une note à F, la rentabilité est négative.

Ces indications sont précieuses car elles permettent de prédire des évolutions positives ou négatives, en cas de discordance. Si l'entreprise a de bons actifs immatériels et une moins bonne rentabilité, il est possible de prédire une amélioration avec un bon niveau de confiance. À l'inverse, le constat d'une bonne rentabilité mais d'actifs immatériels moins bons entraînera une alerte sérieuse.

Nous verrons plus bas comment la notation qualitative présentée au chapitre précédent est utilisée pour évaluer financièrement les actifs.

Méthode de calcul

Dans la méthode que nous proposons, plusieurs évaluations vont être établies et comparées.

Calcul de la Valeur de Création-REmplacement (V-CRE) de l'entreprise

Cela consistera à établir la valeur de création ou de remplacement des divers actifs immatériels.

Combien cela a-t-il coûté ou coûterait-il :

- de recruter nos clients actuels ;
- de recruter nos salariés ;
- de mettre en place notre organisation, nos procédures, notre politique qualité et sécurité ;
- de constituer notre capital de savoir ;
- de développer notre système d'information ;
- d'établir nos marques ;
- de recruter nos fournisseurs et partenaires ?

Ces estimations, très intéressantes, donnent une première valeur de base de l'entreprise :

Valeur de l'entreprise = actif net réévalué + V-CRE.

L'actif net réévalué résulte de l'appréciation de la valeur réelle des actifs matériels (qui peut être très différente de la valeur nominale). Cette appréciation sera souvent fondée sur une valeur de marché ou sur une étude comparable. Par exemple, si l'entreprise est propriétaire d'un terrain, celui-ci sera évalué en fonction du prix du marché.

Les calculs qui conduisent à l'appréciation de la V-CRE découlent souvent de l'estimation d'un budget de reconstitution (vos actifs immatériels d'aujourd'hui correspondent à votre capital humain d'hier) :

- V-CRE du capital de savoir = charge de travail nécessaire à la reconstitution du capital savoir (brevets, secrets de fabrication, plans, descriptifs des produits et services, procédures opérationnelles, résultats de R & D, etc.) × salaires moyens correspondants (charges comprises) ;
- V-CRE du capital humain = charge de travail d'un responsable du recrutement pour recruter tous les salariés × salaire de la personne + honoraires de cabinet de recrutement + dépenses de marketing RH (annonces…) + coût de la formation post-recrutement + coût de la moindre performance d'un salarié à l'embauche ;
- V-CRE du capital client = charge de travail des commerciaux pour recruter une clientèle équivalente à celle d'aujourd'hui + coût marketing correspondant ;
- V-CRE partenaire = coût du recrutement de tous les partenaires et fournisseurs actuels ;
- V-CRE SI = coût de redéveloppement et de rachat de composants matériels et logiciels du SI ;

- V-CRE organisation = coût de mise en place des éléments organisationnels de l'entreprise ;
- V-CRE marque = coût historique ou coût de remplacement.

La plupart du temps, la V-CRE de l'entreprise est la somme de ces valeurs. Toutefois, une correction peut être apportée à la somme brute car la V-CRE des marques et la V-CRE client se chevauchent (la même dépense de marketing permet de faire connaître la marque et de recruter des clients). C'est le cas dans le secteur des produits de grande consommation. Mais ceci n'est pas vrai, par exemple, dans le secteur des services aux entreprises, où la somme brute est valable (voir exemple ci-dessous).

La valorisation de l'entreprise ainsi obtenue est souvent très élevée et assez proche des résultats d'autres calculs : V-REND, DCF ou estimation empirique. Cela tend à prouver que, dans beaucoup d'entreprises, certains éléments matériels et immatériels ne valent pas ce qu'ils ont coûté.

Exemple : calcul de la V-CRE de la société Sigma

La société Sigma est une SSII dont le chiffre d'affaires était de 35 M€ fin 2005. L'entreprise compte 400 collaborateurs et affiche une rentabilité de 5,8 % après impôts et participation, soit un résultat net de 2,03 M€.

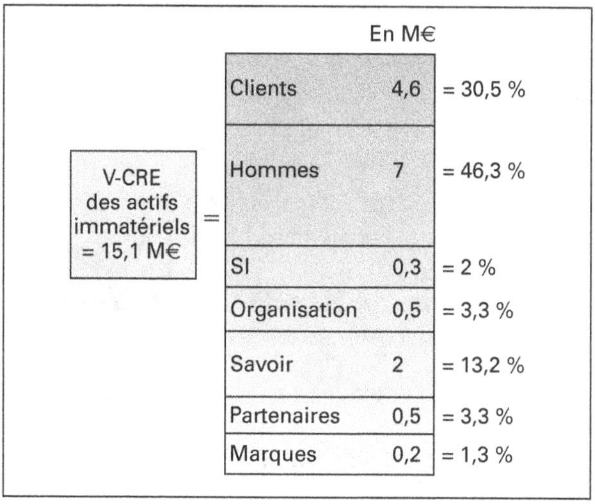

Figure 7.7 : V-CRE des actifs immatériels de l'entreprise Sigma.

Le cash-flow généré au cours du dernier exercice est de 3,90 M€. Son actif net est de 12 M€. La V-CRE globale de Sigma s'établit à 15,1 M€, comme le montre le schéma 7.7.

Dans le cas présent, le mode de calcul de la V-CRE client mérite une précision. Le salaire des commerciaux de cette entreprise représente 10 % du chiffre d'affaires, soit 3,5 M€. L'entreprise a travaillé, en 2005, avec une centaine de clients et les commerciaux ont recruté 25 nouveaux clients. Ce recrutement a consommé environ un tiers de l'effort commercial, soit 1,15 M€. Pour recruter les 100 clients actifs de 2005 et renouveler ainsi le capital client de l'entreprise, il faut donc 4,6 M€.

Comme nous l'avons souligné, il n'est pas évident que la valeur de l'entreprise soit effectivement supérieure, ou même égale, à cette somme de coûts de remplacement de 15 M€. Cependant, ce devrait être le cas. Si cette entreprise est performante, ses différents actifs matériels et immatériels doivent rapporter plus qu'ils n'ont coûté. Leur valeur de rendement doit donc être supérieure à leur coût. Dans ce cas, il y a un *goodwill* immatériel mais, dans le cas contraire, on peut parler de *badwill* immatériel.

Selon cette première méthode, Sigma vaut donc 27 M€.

Calcul de la valeur de rendement des actifs de l'entreprise

Les calculs de la V-REND sont plus subtils. La valeur de rendement des clients correspond, comme on l'a vu, à 100 % de la valeur que ces clients vont créer dans le futur. On a donc ici :

Valeur de l'entreprise = actif net réévalué + V-Rend client = actif net réévalué + V-Rend des actifs de collecte.

Calcul de la Valeur de RENDement (V-REND) des clients

Il n'y a pas une méthode unique applicable à toute entreprise pour procéder à ce calcul. La question, en revanche, est toujours la même : combien le capital client d'aujourd'hui va-t-il générer comme rentabilité dans le futur ? Quelle valeur peut-on obtenir de ce capital client ?

Dans de nombreux secteurs, cette valeur de rendement des clients peut se calculer en fonction de deux paramètres : la rentabilité actuelle et le taux de fidélité des clients. Si la fidélité des clients est très forte, le capital client garde, d'année en année, une part importante de sa capacité de production de valeur actuelle. Si la fidélité est moins bonne, les flux futurs de cash générés décroissent plus vite.

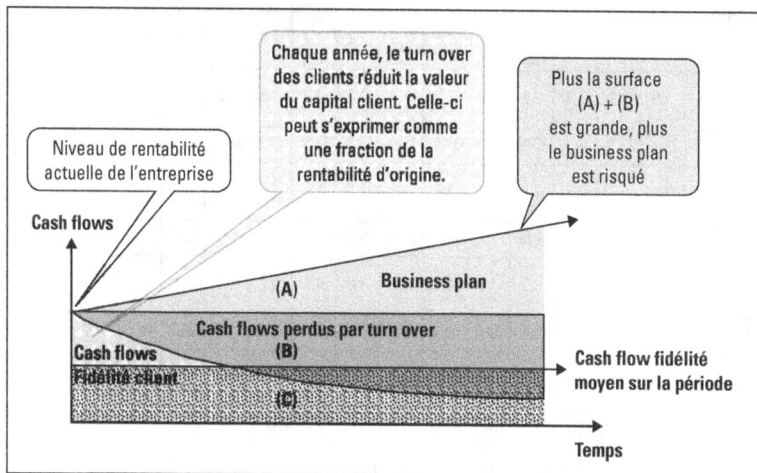

Figure 7.8 : Calcul de la V-REND grâce à une formule de type DCF appliquée au capital client.

Dans cette formule de calcul, le taux d'actualisation des cash-flows futurs qui seront générés par les clients d'aujourd'hui tient compte de critères de risque client, notamment la solvabilité et la satisfaction des clients ainsi que le poids des premiers clients dans le chiffre d'affaires.

Calcul de la V-REND client de la société Sigma

La société Sigma a une excellente fidélité de sa clientèle, de l'ordre de 90 %. Le cash-flow du dernier exercice s'établit à 3,9 M€ environ. Le capital client de Sigma a été également noté (niveau B +). Les critères de satisfaction, de risque et de solvabilité de la clientèle étant bons, le coefficient d'actualisation retenu est de 5 %.

valeurs exprimées en M€   ◄──►

Année		1	2	3	4	5	6	7	8	9	10	11	20	21	22	23	24	25
Taux de fidélité		0,9	0,9	0,9	0,9	0,9	0,9	0,9	0,9	0,9	0,9	0,9	0,9	0,9	0,9	0,9	0,9	0,9
Cash flow Capital Client	3,9	3,5	3,2	2,8	2,6	2,3	2,1	1,9	1,7	1,5	1,4	1,2	0,5	0,4	0,4	0,3	0,3	0,3
Coef de bonification		1,1	1,1	1,2	1,3	1,3	1,3	1,3	1,3	1,3	1,3	1,0	1,0	1,0	1,0	1,0	1,0	1,0
Valeur brute produite		3,9	3,5	3,4	3,3	3,0	2,7	2,4	2,2	2,0	1,8	1,2	0,5	0,4	0,4	0,3	0,3	0,3
Fiscalité	33 %	33 %	33 %	33 %	33 %	33 %	33 %	33 %	33 %	33 %	33 %	33 %	33 %	33 %	33 %	33 %	33 %	33 %
Cash flow après fiscalité	2,6	2,6	2,3	2,3	2,2	2,0	1,8	1,6	1,5	1,3	1,2	0,8	0,3	0,3	0,3	0,2	0,2	0,2
Actualisation	5 %	5 %	5 %	5 %	5 %	5 %	5 %	5 %	5 %	5 %	5 %	5 %	5 %	5 %	5 %	5 %	5 %	5 %
Cash flow actualisé		2,5	2,1	2,0	1,8	1,6	1,3	1,2	1,0	0,8	0,7	0,5	0,1	0,1	0,1	0,1	0,1	0,1
Cumul brut		2,6	4,9	7,2	9,4	11,4	13,2	14,9	16,3	17,6	18,8	19,6	24,2	24,5	24,7	24,9	25,2	25,
Cumul actualisé		2,5	4,6	6,6	8,4	10,0	11,3	12,5	13,4	14,3	15,0	15,5	17,7	17,8	17,9	17,9	18,0	18,

Valeur du capital client   18,0 M€

Figure 7.9 : Valeur de rendement des clients de Sigma.

Dans ce calcul, la ligne «coefficient de bonification» compense le «turnover» des clients. Lorsque l'entreprise perd un client, elle perd une fraction de sa rentabilité. Mais quand elle conserve un client, la relation se bonifie et le client devient plus rentable : confiance accrue, déploiement de la palette de produits et de services chez le client, amortissement des coûts d'acquisitions du client sur une plus longue période.

Ce calcul montre que le capital client de la société Sigma peut être évalué à 18 M€. À ce chiffre, il serait possible d'ajouter une valeur pour les «presque clients». Ce sont des prospects «chauds» déjà identifiés. Nous ne le ferons pas ici.

L'actif net réévalué de l'entreprise est par ailleurs de 12 M€, ce qui permet de fournir une première valorisation de l'entreprise :

Valeur de Sigma = 12 M€ + 18 M€ = 30 M€.

Cette valeur correspond à un PER de 15 qui se justifie notamment par l'excellente fidélité des clients.

Intégration de la notation du capital client dans le calcul de la V-REND client

Nous avons compris, lors de l'exposé des principes de notation, puis des principes de valorisation, que le cash provient des clients et est capté par les autres actifs. Plus les actifs sont bons, plus la valeur créée est importante. Ainsi, si les clients sont notés « A » et que les actifs de collecte sont également notés « A », cela signifie que le taux de rentabilité de l'entreprise devrait être parmi les plus élevés du secteur (voir cinquième principe).

Lorsque nous calculons la V-REND client, si la notation du capital client est excellente (niveau A), mais que le taux de rentabilité est moyen, cela signifie que ce sont probablement les actifs de collecte qui empêchent une meilleure rentabilité. Calculer la V-REND client sur ces bases revient alors à sous-évaluer le capital client, et ce à cause de la moindre qualité des actifs de collecte.

Après un premier calcul basé sur la rentabilité constatée, il est donc envisageable de procéder à une autre évaluation du capital client, en partant d'une rentabilité théorique plus forte ou moins forte correspondant au niveau de notation du capital client (voir cinquième principe). Ceci entraîne une autre valorisation du capital client, plus proche de sa réalité propre.

Calcul de la valeur de rendement des actifs de collecte

En regard de cette première estimation, la valeur de rendement des actifs de collecte doit également être estimée. En effet, si les actifs de collecte n'ont pas une bonne valeur, le capital client se dépréciera très vite et les calculs présentés ci-dessus ne se vérifieront pas.

Ce calcul est plus complexe car la collecte de la valeur impose l'activité conjointe de tous les actifs de collecte : actifs matériels, hommes, système d'information, etc. Mais comment connaître la contribution de chaque actif dans la durée ?

Un premier travail est nécessaire : définir l'importance de chaque actif pour l'entreprise et, par conséquent, l'importance de sa participation au processus de création de valeur. Pour cela, nous réutilisons les valeurs de création-remplacement qui fournissent une importance relative des actifs les uns par rapport aux autres (dans un monde parfait où le dirigeant ne prend que de bonnes décisions, les dépenses et les investissements réalisés sur les actifs immatériels sont optimaux. Ainsi, ils répondent aux besoins de l'entreprise.). Puis, nous modulons ce premier résultat (voir plus bas).

Calcul de la V-CRE des actifs de collecte de la société Sigma

Le coût de remplacement des divers actifs matériels et immatériels de collecte a été établi selon les principes précités et fournit un résultat de 11,5 M€.

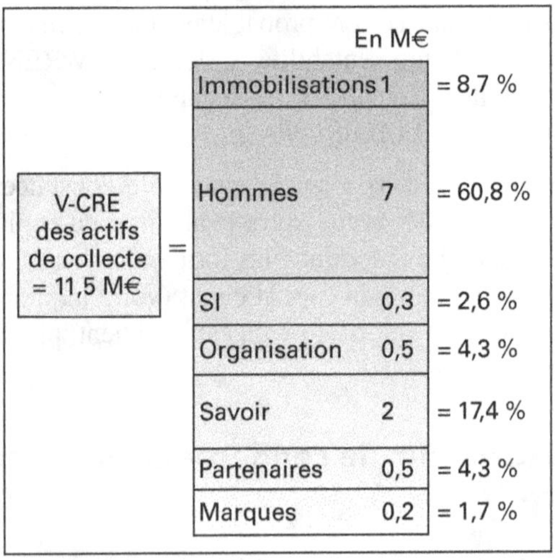

	En M€	
	Immobilisations 1	= 8,7 %
V-CRE des actifs de collecte = 11,5 M€ =	Hommes 7	= 60,8 %
	SI 0,3	= 2,6 %
	Organisation 0,5	= 4,3 %
	Savoir 2	= 17,4 %
	Partenaires 0,5	= 4,3 %
	Marques 0,2	= 1,7 %

Figure 7.10 : V-CRE des actifs de collecte.

Seules les immobilisations sont considérées comme des actifs de collecte. Les actifs circulants n'en font pas partie. Fondamentalement, les usines, les machines, les hommes et l'organisation sont nécessaires pour produire et vendre, mais pas les créances ou la trésorerie. Les actifs circulants servent principalement à absorber les décalages entre le cycle d'exploitation, le cycle commercial et le cycle de règlements et d'encaissements. Ceci est indépendant du processus de production et de collecte de valeur en lui-même.

Ce premier calcul nous donne l'importance brute de chaque actif de collecte par rapport à l'ensemble. Dans une situation idéale, l'importance (ou la valeur) relative d'un actif de collecte donné correspond à ce pourcentage. Dans l'exemple Sigma, les hommes représentent 60,8 % de la V-CRE de collecte. C'est ce que nous appelons le «poids» de l'actif.

Ce poids est une notion valable pour apprécier la valeur de l'actif pour l'entreprise. S'il est élevé, cela veut dire que l'entreprise dépense beaucoup pour en disposer. Mais pourquoi le ferait-elle, si cela n'était pas nécessaire à la création de valeur? Si les choix de dépenses et d'investissements sont effectués correctement, le poids de l'actif représente bien sa valeur relative par rapport aux autres actifs. Dans le cas de Sigma, la marque représente 1,7 % de la valeur des actifs de collecte. C'est tout à fait normal, la marque n'a pas une grande importance pour une SSII et celle-ci n'investit donc pas grand-chose pour sa marque. Mais, dans d'autres entreprises, le poids de la marque est énorme.

Les chiffres obtenus méritent parfois un travail complémentaire d'ajustement. En effet, certaines entreprises peuvent avoir surinvesti dans certains domaines et sous-investi dans d'autres. Il est nécessaire de s'assurer que les poids ainsi calculés sont bons. Cette phase de correction est empirique et, de ce fait, approximative.

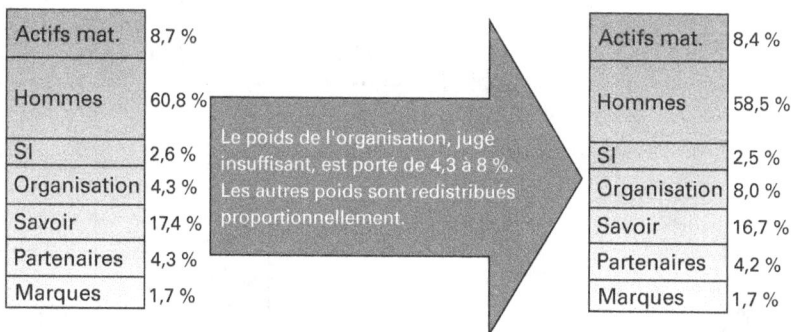

Correction empirique (évaluation des investissements réalisés sur chaque actif en regard des besoins de l'entreprise, comparaison avec les meilleurs du secteur…)

Actifs mat.	8,7 %
Hommes	60,8 %
SI	2,6 %
Organisation	4,3 %
Savoir	17,4 %
Partenaires	4,3 %
Marques	1,7 %

Le poids de l'organisation, jugé insuffisant, est porté de 4,3 à 8 %. Les autres poids sont redistribués proportionnellement.

Actifs mat.	8,4 %
Hommes	58,5 %
SI	2,5 %
Organisation	8,0 %
Savoir	16,7 %
Partenaires	4,2 %
Marques	1,7 %

Valeur totale de création/remplacement des actifs de collecte.

Poids de chaque actif de collecte dans la valeur de rendement des collecteurs de cash.

Figure 7.11 : Correction des poids relatifs des différents actifs de collecte.

Dans l'exemple de la société Sigma, comme on le voit sur le schéma ci-dessus, l'organisation voit son importance progresser, tandis que le poids des autres actifs régresse légèrement. Puis le cash capté au cours de l'exercice est segmenté et attribué aux actifs de collecte en fonction de leur importance. Dans notre exemple, si la société Sigma a dégagé un cash-flow de 3,9 M€ sur son exercice 2005, la contribution du capital humain de Sigma à cette valeur créée est de 2,28 M€ (58,5 % de 3,9 M€).

Un raisonnement analogue à celui réalisé pour le capital client peut alors être appliqué au capital humain. Cette valeur collectée par le capital humain actuel de l'entreprise va décroître progressivement en fonction du turnover des salariés et d'autres caractéristiques du capital humain qui influeront sur la définition d'un taux d'actualisation. Le turnover des salariés utilisé dans la méthode tient compte des différentes catégories de personnel car la perte d'un dirigeant, d'un expert ou d'un employé peu qualifié n'ont pas la même incidence (voir au chapitre précédent la formule de calcul du turnover).

valeurs exprimées en M€

Année		1	2	3	4	5	6	7	8	9	10	11	20	21	22	23	24	25
Taux de fidélité		0,9	0,9	0,9	0,9	0,9	0,9	0,9	0,9	0,9	0,9	0,9	0,9	0,9	0,9	0,9	0,9	0,9
Cash flow Capital humain	2,3	2,0	1,7	1,5	1,3	1,2	1,0	0,9	0,8	0,7	0,6	0,5	0,1	0,1	0,1	0,1	0,1	0,1
Coef de bonification		1,1	1,2	1,2	1,3	1,3	1,3	1,3	1,3	1,3	1,2	1,2	1,0	1,0	1,0	1,0	1,0	1,0
Valeur brute produite		2,2	2,0	1,8	1,7	1,5	1,3	1,1	1,0	0,9	0,7	0,6	0,1	0,1	0,1	0,1	0,1	0,1
Fiscalité	33 %	33 %	33 %	33 %	33 %	33 %	33 %	33 %	33 %	33 %	33 %	33 %	33 %	33 %	33 %	33 %	33 %	33 %
Cash flow après fiscalité	1,5	1,5	1,3	1,2	1,2	1,0	0,9	0,8	0,7	0,6	0,5	0,4	0,1	0,1	0,1	0,1	0,1	0,1
Actualisation	5 %	5 %	5 %	5 %	5 %	5 %	5 %	5 %	5 %	5 %	5 %	5 %	5 %	5 %	5 %	5 %	5 %	5 %
Cash flow actualisé		1,4	1,2	1,1	0,9	0,8	0,7	0,5	0,5	0,4	0,3	0,2	0,0	0,0	0,0	0,0	0,0	0,0
Cumul brut		1,5	2,8	4,0	5,2	6,2	7,1	7,8	8,5	9,1	9,5	9,9	11,7	11,8	11,9	12,0	12,0	12,1
Cumul		1,4	2,6	3,7	4,6	5,4	6,0	6,6	7,0	7,4	7,7	7,9	8,8	8,8	8,9	8,9	8,9	8,9

Valeur du capital humain   8,9 M€

Figure 7.12 : La valeur de rendement du capital humain de Sigma.

Le coefficient de bonification compense quelque peu le turnover : la performance du collaborateur pour l'entreprise augmente dans la durée.

Cet exercice nous permet d'aboutir à la valeur de rendement du capital humain de Sigma de 8,9 M€.

Valorisation complète de l'entreprise Sigma

En procédant de la même manière pour tous les actifs de collecte, une valeur globale V-REND peut être calculée. Pour chaque actif, la fraction de la rentabilité actuelle qu'il porte est prise en compte comme point de départ, puis on calcule la manière dont le rendement de l'actif décroît dans le temps, en fonction de son obsolescence. La V-REND globale est ici, après calcul, de 16 M€.

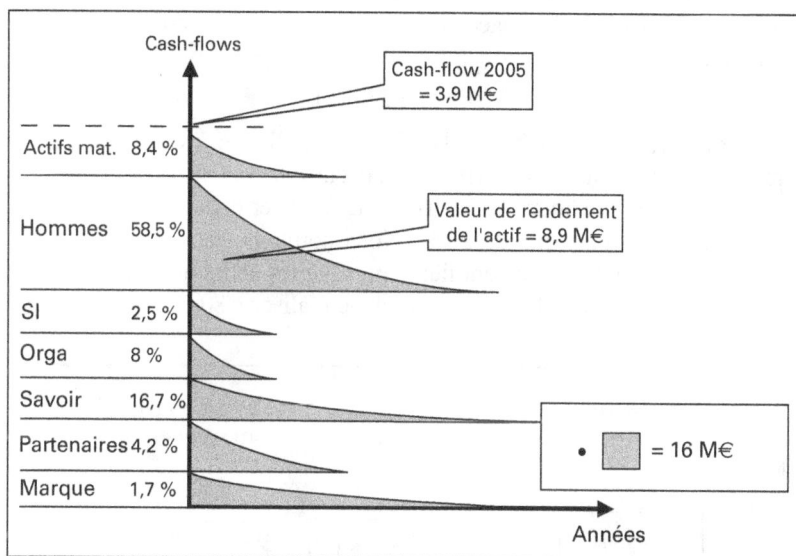

Figure 7.13 : V-REND de tous les actifs de collecte.

La vitesse de dépréciation des actifs de collecte dépend de leur qualité, de la croissance de l'entreprise et de la rapidité des évolutions dans le secteur économique ou l'entreprise exerce.

Enfin, pour terminer ce travail d'évaluation, il est nécessaire de procéder à un dernier calcul. Comme le montre le schéma ci-dessus, nous avons calculé la valeur de rendement des immobilisations.

La valeur de l'entreprise est donc égale à :

Actif net réévalué − immobilisation + V-REND des actifs de collecte

En effet, on ne peut pas, pour un même actif, compter dans une évaluation sa valeur au bilan et sa valeur de rendement.

Dans le cas de Sigma, les immobilisations valent 1 M€ au bilan, donc :

$$\text{Valeur de Sigma} = 12 \text{ M€} - 1\text{M€} + 16 \text{ M€} = 27 \text{ M€}$$

Nous obtenons donc, avec cette méthode, pour l'exemple cité :

- une valeur de remplacement de 27 M€ ;
- une valeur de rendement fondée sur les actifs sources de 30 M€ ;
- une valeur de rendement fondée sur les actifs de collecte de 27M€.

La valeur finale proposée par la méthode est la moyenne des deux dernières (la valeur de remplacement est simplement considérée comme un point de repère) :

$$\text{V-REND} = 28,5 \text{ M€}$$

Par comparaison, la méthode DCF a été appliquée à cette SSII. Le résultat obtenu est de 34,2 M€. L'écart entre la valeur de l'entreprise calculée par la méthode des actifs immatériels et celle obtenue par la méthode DCF n'est que de 20 %. Nous pouvons en conclure que le business plan est relativement fiable puisque les actifs que l'entreprise possède présentement lui permettent de le réaliser à 80 %.

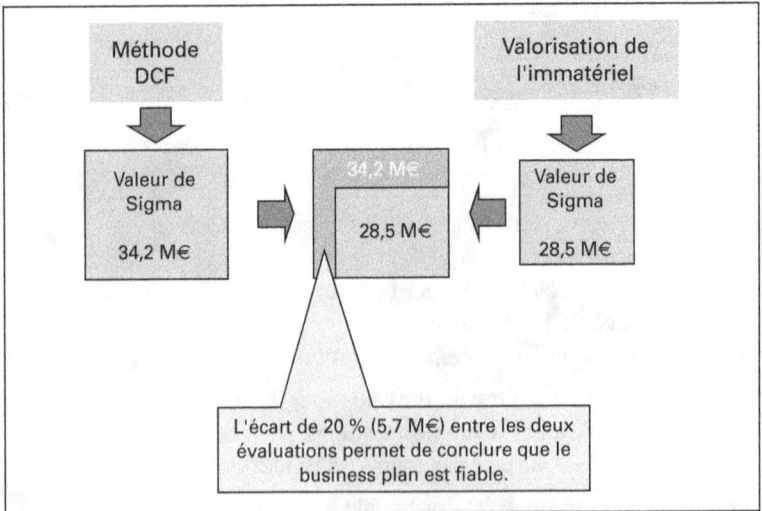

Figure 7.14 : Comparaison des deux évaluations de Sigma.

Estimations plus globales

Le cinquième principe de la méthode nous permet de proposer une approche qui favorise des estimations plus grossières, mais très rapides de la valeur financière, à partir d'une notation des actifs immatériels.

En effet, nous avons vu que la corrélation était forte entre notation du capital immatériel et performance économique. Nous savons par ailleurs que le lien entre performance économique et valeur de l'entreprise est établi. Dès lors, deux approches macro-économiques sont permises.

Pour les entreprises cotées en Bourse

Imaginons que le capital immatériel d'une entreprise soit noté « A ». Nous pouvons alors en déduire que sa valeur en bourse devrait être très élevée dans son secteur. Si tel n'est pas le cas, la direction de l'entreprise devra se poser des questions sur sa communication financière. «Le marché sous-estime notre valeur latente, comment nous faire mieux comprendre?»

En revanche, si la note de capital immatériel n'est pas très bonne alors que la capitalisation boursière est au zénith, l'entreprise peut en tirer deux conclusions majeures : non seulement elle risque de décevoir, car sa performance économique ne va pas se maintenir dans la durée, mais, en outre, avant même que les indicateurs de performance économique ne s'infléchissent, le marché risque de corriger plus ou moins intuitivement son évaluation. Cette prise de conscience anticipée permet aux dirigeants de réagir préventivement.

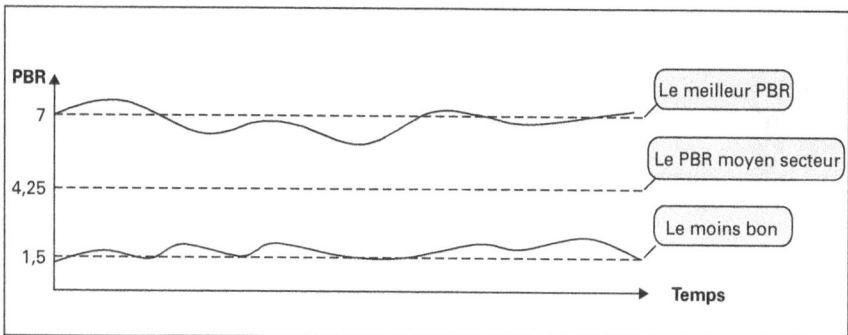

Figure 7.15 : Variation du PBR du secteur.

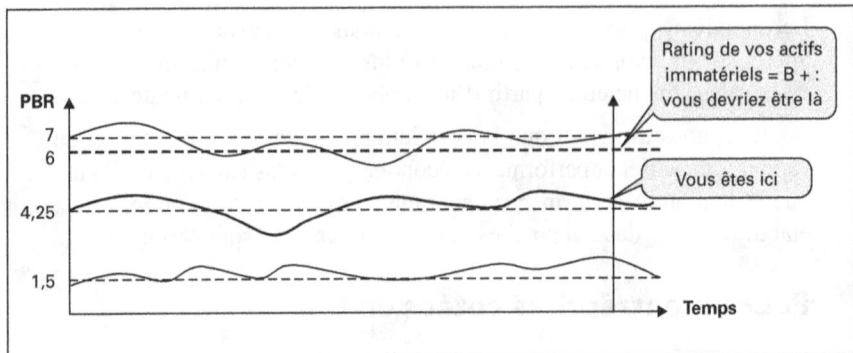

Figure 7.16 : PBR théorique et PBR réel.

Pour les entreprises non cotées

La démarche pourra être la même, mais cette fois à partir des points de repère sectoriels existants. Dans le secteur de la grande distribution, par exemple, un hypermarché se vend entre 0,5 et une fois son chiffre d'affaires. Le rating des actifs immatériels permettra de positionner un magasin donné entre ces deux bornes.

D'autres applications de même nature sont autorisées. Une entreprise bien notée et faiblement valorisée apparaîtra comme une très bonne affaire. À l'inverse, si une entreprise présente une très bonne rentabilité, mais que ses actifs sont mal notés, des difficultés futures sont prévisibles ; sa valorisation probablement forte, compte tenu de sa performance économique, sera corrigée à la baisse.

Chapitre 8

Comment calculer la création de valeur d'un projet ?

La notion de création de valeur au sens classique du terme

L'*Economic Value Added* (EVA) est une méthode très connue de calcul de création de valeur. Elle a été publiée par le cabinet américain Stern-Stewart en 1990 et a connu un grand engouement dans les milieux boursiers sur toute la décennie suivante, après quoi elle est un peu passée de mode pour de mauvaises raisons, à notre avis.

Selon cette méthode, il ne suffit pas qu'une activité économique soit rentable pour que l'on considère qu'elle crée de la valeur. Si une activité économique est moins rentable que des placements à risque plus faibles, elle détruit de la valeur. Ce principe a déjà été abordé dans l'exposé sur la méthode DCF au chapitre précédent. Comme nous allons le voir, l'EVA s'applique à une création de valeur instantanée, celle d'un projet ou d'un exercice fiscal d'entreprise, tandis que la méthode DCF s'applique à des flux futurs de valeur.

EVA, la formule de calcul

Pour une entreprise, l'EVA est la différence entre la rentabilité économique et le coût moyen de tous les capitaux employés.

$$EVA = (RoCe - WACC) \times CE.$$

Étudions maintenant cette formule.

Calcul du *Return on Capital Employed* (RoCe)

$$RoCe = \frac{RE}{CE} = \frac{\text{résultat d'exploitation après fiscalité}}{\text{capitaux employés}}$$

Les Capitaux Employés (CE) correspondent ici à l'actif économique retraité, ce qui s'apparente approximativement à la somme (fonds propres + dettes financières).

Calcul du *Weighted Average Cost of Capital* (WACC)

Le WACC correspond au coût moyen pondéré du capital (voir chapitre 4).

Exemple : calcul de l'EVA pour la société Téta au 31 décembre 2005

Actif	Passif	
Capitaux employés 60,05 millions d'euros	Fonds propres 50 millions d'euros	
	Dettes financières 10,05 millions d'euros	

Figure 8.1: Bilan partiel de l'entreprise Téta.

Calcul du RoCe

$$RoCe = \frac{\text{rentabilité après impôt}}{\text{capitaux employés}} = \frac{7,82 \text{ M€}}{60,05 \text{ M€}} = 13,03 \%$$

Calcul du WACC

Coût de la dette   = taux moyen du crédit × (1 – taux IS)

                                = 5,00 % × (1 – 0,33) = 3,35 %

Coût des fonds propres   = OAT + (prime de Marché × bêta)

                                = 4,20 % + 3,42 % × 1,3 = 8,64 %

Poids des fonds propres = 83 % (50 M€/60,05 M€)

Poids de la dette　　　 = 17 %

Coût des fonds propres × poids des fonds propres + coût de la dette × poids de la dette = 8,64 × 0,83 + 3,35 × 0,17 = 7,74 %

Calcul de l'EVA

$(\text{RoCe} - \text{WACC}) \times \text{CE} = (13,03 - 7,74) \times 60,05$

$$= 3,17 \text{ M€}$$

L'EVA créée par la société Téta au cours de l'exercice 2005 (au 31 décembre 2005) est de 3,17 M€.

L'apport de l'EVA

Il s'agit d'une importante contribution à la notion de prospérité d'entreprise. En introduisant dans son approche la notion de coût du capital, ce modèle montre qu'une entreprise peut gagner de l'argent et détruire de la valeur quand la rentabilité est inférieure au coût du capital.

L'EVA est à la fois une méthode d'évaluation financière et une nouvelle approche du pilotage de l'entreprise. Les projets que l'entreprise mène sont-ils plus ou moins rentables que des placements sans risque ? Comme nous l'indiquions plus haut, ce modèle a eu son heure de gloire dans les années 1990. Puis, beaucoup de professionnels en sont revenus.

De notre point de vue, ce n'est pas le modèle qui est critiquable, mais plutôt l'usage qui en a été fait, notamment parce qu'il a été utilisé sans discernement comme une vérité absolue et non comme un indicateur pertinent. C'est ainsi que, dans certaines entreprises, un pilotage à courte vue basé sur l'EVA a fait faire des erreurs et prendre de mauvaises décisions : par exemple, réduire le budget de R & D pour éviter une baisse du RoCE ou encore augmenter la dette pour baisser le WACC (il arrive régulièrement que les taux d'intérêt – coût de la dette – soient inférieurs au coût des fonds propres).

Par voie de conséquence, en plusieurs lieux, l'EVA a été assimilée à une recherche du profit à court terme et de la maximisation de la valeur actionnariale, au détriment de la valeur partenariale (employés, clients, etc.). Ainsi, cette méthode est devenue, pour certains analystes, le symbole du capitalisme pur et dur. Toutefois, rien n'empêche de conduire une stratégie équilibrée et à long terme, en faisant un bon usage de l'EVA.

EVA, ce qui manque

Le modèle EVA est une excellente base de mesure mais, pour en accroître la justesse, il conviendrait de la combiner avec une approche de type capital immatériel.

Nous avons vu que l'EVA permet de calculer le coût du capital en définissant un taux d'actualisation qui est d'autant plus élevé que le développement de l'entreprise sur son marché semble risqué.

Taux d'actualisation = [taux OAT + (prime de marché × bêta)].

Le coefficient (prime de marché × bêta) est calculé pour une entreprise donnée, en comparant statistiquement la volativité de son cours à celle des autres entreprises cotées. Bien que mathématiquement juste, cette approche est contestable. Concrètement, cela revient à dire par exemple : telle valeur a perdu 4 % lorsque le marché perdait 2 %, c'est donc un investissement plus risqué. Il se trouve que toutes les entreprises sont appréciées de la sorte. En d'autres termes, il s'agit d'un processus «réentrant» qui conforte mathématiquement l'avis du marché. Ce système propage et légitime les comportements moutonniers.

L'apport du capital immatériel est de mieux prédire le développement de l'entreprise, de mieux apprécier sa robustesse et, par conséquent, sa capacité à créer de la valeur à long terme. On pourrait donc imaginer que la première contribution du capital immatériel au plan financier soit de proposer un coefficient de risque intrinsèque, basé sur les fondamentaux de l'entreprise et non pas sur une approche macro-économique issue de statistiques boursières.

On verrait ainsi des *blues chips* et des *small caps* avec un même coût du capital, découlant d'un même coefficient de risque, ce qui est intuitivement séduisant et empiriquement crédible. Pour s'en convaincre, il suffit de regarder dans le rétroviseur des marchés financiers. Leur histoire n'est-elle pas faite de géants aux pieds d'argile et de petites entreprises si fiables que leur parcours inspire respect et admiration ?

Économie d'un projet

EVA et projets

Selon l'approche EVA, un projet est créateur de valeur dès lors qu'il est plus rentable qu'un placement sans risque. En outre, son niveau de rentabilité doit être d'autant plus fort que le projet semble risqué.

Capital immatériel et projets

Dans le modèle ci-dessous, appliqué à un projet, nous allons utiliser le capital immatériel à deux niveaux.

À un premier niveau, pour calculer le coefficient de risque du projet, lui-même basé sur des éléments immatériel du projet : entre autres, le capital humain du projet est-il de qualité, les clients du projet peuvent-il accroître le risque d'échec ou au contraire le réduire, y a-t-il un important facteur de nouveauté technique dans ce projet (capital de savoir) ?

À un second niveau, pour calculer la valeur immatérielle du projet à proprement parler : au-delà de sa propre rentabilité, le projet renforce-t-il l'un des actifs immatériels de l'entreprise (capital client, capital humain, etc.) ? Si oui, il permet la création de valeur future.

Notre modèle de calcul de la valeur créée par un projet est donc une combinaison d'EVA et de capital immatériel.

Que faire s'il n'y a pas de création de valeur matérielle ?

Dans les années 1990, de nombreuses erreurs ont été commises dans les entreprises au nom de l'EVA, érigée en dogme et utilisée de manière trop primaire : si l'EVA créée était insuffisante, on ne lançait pas le projet. Cette posture manquait de discernement.

En effet, certains projets ne créent pas de valeur matérielle, il est par conséquent impossible de calculer leur rentabilité. Un projet de recherche, par exemple, présente des résultats hypothétiques à long terme. Dans la plupart des cas, sa rentabilité n'est pas calculable et il ne faut surtout pas essayer de la mesurer.

Lorsqu'un projet n'est pas rentable, le modèle présenté ici n'est pas applicable. Il faut alors se reporter au chapitre suivant.

Modèle proposé

Dès lors qu'un projet est rentable, nous dirons :

Valeur créée = valeur matérielle + valeur immatérielle

= (rentabilité du projet/capitaux employés − coût moyen pondéré du capital) × capitaux employés + valeur immatérielle.

* La rentabilité du projet résulte d'un compte du résultat du projet.
* Les capitaux employés correspondent à l'ensemble des investissements du projet.
* Le coût des capitaux employés correspond à un coefficient de risque projet qui dépend lui-même de caractéristiques immatérielles du projet. Ce coefficient est nécessairement supérieur à un placement sans risque.

La valeur immatérielle du projet correspond à sa contribution au développement des actifs immatériels

Pour accroître le caractère pédagogique de la présentation, un exemple chiffré accompagnera l'exposé théorique : la création de valeur matérielle et immatérielle du projet de lancement d'un nouveau produit dans une PME agro-alimentaire.

Comment apprécier la rentabilité du projet?

Rentabilité = pertinence + efficacité

Cette formule montre que la valeur d'un projet dépend de deux grandeurs. Un projet sera d'autant plus rentable qu'il est :

* pertinent pour l'entreprise, c'est-à-dire qu'il participe à une opération génératrice de revenus ou d'économies;
* mené à bien par une équipe efficace, qui travaille vite et bien.

Notre approche repose donc sur quatre variables. En résumé, un projet est créateur de valeur s'il :

- est pertinent (il augmente les revenus ou réduit les dépenses de l'entreprise);
- est produit avec efficacité;
- ne présente pas lui-même des facteurs de risque trop importants qui mettraient sa bonne fin en péril;
- crée de la valeur immatérielle.

Valeur créée =
$$\left[\frac{(\text{pertinence du projet} + \text{efficacité de l'équipe})}{\text{capitaux employés}} - \text{coût moyen pondéré du capital}\right]$$
$\times$ capitaux employés + valeur immatérielle

Comment mesurer la pertinence ?

Il s'agit, dans la plupart des cas, d'apprécier la manière dont le projet va permettre des revenus supplémentaires ou va être générateur d'économies. Il existe pour cela deux grandes techniques de calcul.

Si le projet est générateur de recettes

Un business plan basé sur un compte de résultat classique sera établi. Il mettra en regard un flux de revenus futurs et un ensemble de dépenses ou d'investissements. Ce calcul fournira très aisément le délai nécessaire au retour sur investissement.

Si le projet permet de faire des économies

La méthode de calcul sera différente. C'est alors un business plan de rentabilité différentielle qui sera élaboré.

Sur le sujet concerné, en premier lieu, le coût de fonctionnement actuel sera calculé. Puis, les dépenses futures impliquant un nouveau fonctionnement seront estimées à leur tour. Enfin, on évaluera toutes les dépenses et les investissements liés au projet :

Business plan de rentabilité différentielle = coût de fonctionnement actuel − (coût de fonctionnement futur + coût du projet).

Comment mesurer l'efficacité?

Dans ce texte, l'efficacité est synonyme de productivité. Elle correspond à une quantité de biens ou de services produits par unité de temps ou d'argent. On dira ainsi que :

- l'efficacité d'un couvreur correspond au nombre de mètres carrés de toiture qu'il peut poser par jour ;
- l'efficacité d'un gestionnaire est le nombre de dossiers qu'il traite par jour ou par K€ de salaire ;
- etc.

$$\text{Efficacité} = \frac{\text{quantité de bien ou de services}}{\text{unité de temps ou d'argent}}$$

Dans le cadre d'un projet, c'est en général une solution de référence ou une solution générique qui sont utilisées pour effectuer le calcul de pertinence. Cette solution provient de la documentation technique disponible dans le secteur, d'un jugement d'expert ou d'une évaluation par analogie. Par exemple, la construction d'un nouvel entrepôt est envisagée :

- quels gains ou quelles économies pouvons-nous en escompter ?
- quel serait le coût de cette opération ?

La différence entre ces deux grandeurs permet de calculer la pertinence du projet. La pertinence du projet, c'est donc sa rentabilité au moment de la prise de décision ou encore sa rentabilité théorique.

Ensuite, alors que le projet est jugé pertinent sur ces bases, des estimations fines seront faites ou un appel d'offre sera lancé. Des solutions plus ou moins efficaces seront présentées. L'efficacité de la solution retenue sera :

- nominale, si elle ne change pas la pertinence ;
- contributive, si elle l'améliore ;
- pénalisante, si elle la dégrade.

D'une certaine manière, l'introduction de la notion d'efficacité peut sembler un peu superflue (bien que théoriquement incontestable) à ce stade. On pourrait simplement considérer que la pertinence est recalculée dès que les données chiffrées précises sur les investissements sont disponibles.

Cette notion prend en revanche tout son sens lorsque le projet est en cours ou terminé. En effet, un projet est, par définition, une entreprise risquée où les inconnues sont nombreuses. Dès lors, il est assez fréquent que les prévisions d'origine soient dépassées. Ainsi, par exemple, une étude réalisée au niveau européen sur 7 500 projets informa-tiques à la fin des années 1990 a montré que les budgets et les délais n'étaient respectés que dans 28 % des cas !

Le calcul d'efficacité doit donc impérativement être refait en fin de projet. Les dépassements seront retranchés au calcul de pertinence initial, les gains y seront ajoutés. Ainsi :

Rentabilité = pertinence + delta d'efficacité.

Le delta pouvant être :

- positif, si l'efficacité est contributive ;
- négatif, si l'efficacité est pénalisante ;
- nulle, si l'efficacité est nominale.

Mesure de pertinence et d'efficacité, l'exemple du projet Choc-Miam

Une PME de Lorraine, spécialisée dans la fabrication de brioches, décide de lancer un nouveau type de brioches au chocolat. Le produit s'appellera «Choc-Miam». Le plan de développement de ce nouveau produit fait apparaître la progression suivante :

Données exprimées en K€						
Années	0	1	2	3	4	5
Recettes		500	2000	3000	4000	6000

Figure 8.2 : Plan de développement des ventes de Choc-Miam.

En regard de ces revenus, il faut compter toutes les dépenses et tous les investissements (et appliquer à ces derniers les règles d'amortissement en vigueur dans l'entreprise).

Investissements

- Investissement direct lié à la nouvelle ligne de fabrication,
- Investissement direct lié au conditionnement, au stockage et à la distribution,
- Achat de petit matériel nécessaire à la fabrication et à l'administration du nouveau produit : matériel de bureau, informatique, etc.,
- BFR du projet,
- Autres investissements.

Dépenses

- Achat de matière première,
- Masse salariale de fabrication,
- Masse salariale de *supply chain* : conditionnement, stockage et distribution,
- Dépenses de marketing et de publicité,
- Achat de fournitures consommables : énergie, eau, etc.,
- Maintenance des installations,
- Coût commercial : temps passé par les commerciaux pour promouvoir et vendre le produit, etc.,
- Autres dépenses.

Données exprimées en K€						
Années	0	1	2	3	4	5
Investissements (amortis sur 5 ans		200	200	200	200	200
Dépenses		500	1700	2600	3500	5000

Figure 8.3 : Plan d'investissement de Choc-Miam
(100 % des investissements seront réalisés en année 1).

La mise en regard de ces recettes et de ces dépenses fait apparaître un résultat d'exploitation prévisionnel.

Données exprimées en K€						
Années	0	1	2	3	4	5
Recettes		500	2000	3000	4000	6000
Investissements (amortis sur 5 ans)		200	200	200	200	200
Dépenses		500	1700	2600	3500	5000
Résultat d'exploitation		-200	100	200	300	800
Taux de rentabilité d'exploitation		-40,00 %	5,00 %	6,67 %	7,50 %	13,33 %
Pertinence du projet		-200	100	200	300	800
Pertinence cumul		-200	-100	100	400	1200

Figure 8.4 : Bilan économique du projet de Choc-Miam (valeurs non actualisées).

La pertinence du projet sur cinq ans est donc 1 200 K€.

Une fois les investissements terminés, on prend conscience qu'ils ont été de 100 K€ inférieurs à ce qui était prévu. Il y a donc un delta d'efficacité contributive de 100 K€.

La rentabilité d'exploitation du projet (pertinence + efficacité) est donc de 1 300 K€ sur cinq ans.

Coefficient de risque de projet et calcul de création de valeur matérielle

Un projet à très faible risque entraîne un coût des capitaux investis de l'ordre de 6 % (ce qui est légèrement supérieur au rendement des obligations d'État) et un projet à très fort risque entraînera un coût de fonds propres de 50 %. Ce taux de 50 % découle du raisonnement suivant : si un dirigeant ou un directeur de projet considère que l'opération qu'il doit réaliser a plus d'une chance sur deux de ne pas aboutir, il renonce en général au projet (le coefficient de risque de 50 % est supérieur à ceux qui sont utilisés pour l'actualisation des profits futurs des entreprises à risque qui excèdent rarement 30 %).

Comme c'est le cas pour une entreprise, le risque projet est d'autant plus faible que le capital immatériel du projet est bon. La grille de notation ci-dessous permet de procéder à cette évaluation du capital immatériel du projet. Certains de ses items découlent des meilleures pratiques en gestion de projets informatiques[1]. Bien que globalement valable pour tout projet, cette grille peut être adaptée au cas par cas.

Risque lié :	Poids du critère	Note de 1 à 5 (1 faible, 5 fort)
Au capital client		
À la connaissance du sujet par le(s) client(s)	2	5
À la stabilité probable des spécifications	2	5
Au nombre de directions «clientes»	2	5
À la qualité de la relation avec le maître d'ouvrage	2	4
Au capital humain		
À l'expérience du directeur de projet	3	5
À la compétence de l'équipe	3	4
Au jeu collectif	3	4
Au turnover prévisionnel	3	5
À la motivation	3	4
Au capital organisationnel		
À l'approche qualité	2	3
À la méthode de gestion de projet	2	4
À la performance des outils	1	3
Au capital de savoir et facteur de nouveauté		
À la pratique antérieure technique	2	4
À la pratique antérieure fonctionnelle	1	4
Au capital fournisseur		
À la maîtrise des sujets confiés	3	5
À l'antériorité des relations	1	2
Aux caractéristiques du projet		
À la taille du projet	4	4
Aux contraintes de délai	4	3
À la maturité des technologies utilisées	3	2
À la complexité de l'ouvrage	1	3
Résultat (note de risque)		3,97

Figure 8.5 : Notation du risque projet.

1. Alan Fustec, Bruno Ghenassia, *Votre informatique est-elle rentable ?*, Éditions d'Organisation, 2004.

La note résultante est ici une moyenne pondérée. La formule de conversion de la note obtenue en coefficient de risque est de la forme :

$$y = ax + b$$

Lorsque la note est à 1, le taux est à 50 %, lorsqu'elle est à 5, le taux est à 6 %.

$$\text{Coefficient de risque} = -11 \times \text{note de risque} + 61$$

Dans notre cas, le coefficient de risque obtenu est de 17,23 %. Ce chiffre étant obtenu, le calcul de création de valeur matérielle peut être effectué. Nous appellerons également cette valeur EVA-I (EVA avec un coefficient de risque basé sur le capital immatériel du projet).

Données exprimées en K€						
Années	0	1	2	3	4	5
Recettes		500	2000	3000	4000	6000
Investissements (amortis sur 5 ans)		180	180	180	180	180
Dépenses		500	1700	2600	3500	5000
Résultat d'exploitation		-180	120	220	320	820
Cumul Résultat d'exploit. (pertinence + efficacité)		-180	-60	160	480	1300
Résultat d'exploitation après fiscalité		-180	80,4	147,4	214,4	549,4
Actualisation (17,23 %)		-153,54	58,50	91,49	113,52	248,14
Cumul résultat net actualisé		-153,54	-95,04	-3,55	109,97	358,11

La valeur actuelle du résultat d'exploitation cumulé n'est que de 358,11 K€ pour une valeur brute de 1300 K€ compte tenu du coefficient de risque projet de 17,23 %.

Valeur actuelle des capitaux employés en année 1	**767,62**
Valeur actuelle du résultat d'exploitation net	**358,11**
RoCe : retour sur capitaux employés	**0,47**
WACC : coefficient de risque	**0,17**
Valeur matérielle (EVA-I)	**225,83**

La valeur actuelle des capitaux employés (900 K€) est de 767,72 K€ car l'investissement est effectué en année 1.

Figure 8.6 : Calcul de création de valeur matérielle du projet Choc-Miam.

La création de valeur matérielle réalisée par ce projet sur les cinq premières années d'exploitation est donc de 225,83 K€, tandis que le résultat d'exploitation après impôts actualisé et cumulé s'établit à 358,11 M€.

Calcul de la valeur immatérielle

La rentabilité d'un projet entre dans la rentabilité de l'entreprise en fin d'année. Après impôt, cette rentabilité est, soit pour partie reversée aux actionnaires sous forme de dividendes, soit ajoutée aux fonds propres. Nous pouvons donc dire :

Rentabilité du projet – impôt = incrément de fonds propres (l'entreprise peut choisir de ne pas verser de dividendes).

Comme nous le savons, la valeur d'une entreprise est au minimum celle de ses fonds propres, sauf cas particulier non pris en compte ici. Lorsqu'elle est fortement valorisée, sa valeur excède rarement cinq fois ses fonds propres, sauf cas rares déjà présentés, tels que Dell ($\times 15$) Glaxo ($\times 9$). Or, comme nous l'avons vu précédemment, si les entreprises sont fortement valorisées, c'est parce qu'elles ont de très bons actifs immatériels.

Il en est de même pour les projets. Si une entreprise fortement valorisée vaut cinq fois ses fonds propres, alors c'est vrai pour tous les incréments de fonds propres que sont les rentabilités nettes de projets. Nous pouvons en déduire qu'un projet fortement valorisé vaut cinq fois sa rentabilité.

En d'autres termes, lorsqu'un projet contribue fortement au développement des actifs immatériels de l'entreprise, nous pouvons estimer (à nouveau, il s'agit ici d'une approximation) que sa valeur immatérielle est de quatre fois sa rentabilité. Si, au contraire, ce projet ne crée pas de valeur immatérielle, sa seule valeur est matérielle. Ainsi :

$$VIM = REAI \times 4.$$

VIM : Valeur Immatérielle Maximale du projet.

REAI : Rentabilité d'Exploitation Après Impôts du projet.

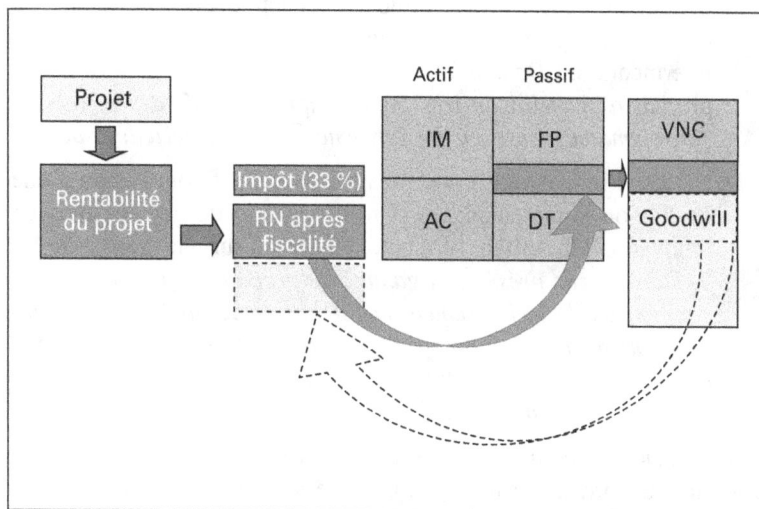

Figure 8.7 : Tout projet rentable est porteur de son propre *goodwill*.

La valeur immatérielle du projet s'exprime comme un multiple de la rentabilité d'exploitation après impôts dont la valeur est comprise, dans la plupart des cas, entre 1 et 4.

Nous devons, dans un premier temps, apprécier la manière dont le projet permet de renforcer les actifs immatériels au moyen d'une notation. Puis, à nouveau, utiliser une équation linéaire afin de transformer la note en valeur.

Cette approche est à la fois importante et dangereuse. Importante, car la richesse de l'entreprise est de plus en plus immatérielle. Dangereuse, parce que ce paramètre offre l'opportunité de justifier l'injustifiable. Comment rendre sa détermination objective ? Il faut pour cela évaluer la contribution immatérielle du projet selon trois critères :

* le domaine d'application du projet sera étudié. Le projet a-t-il un impact sur le capital humain, le capital client, les actifs matériels, ou tout cela en même temps ? À la lumière de travaux sur l'importance relative des actifs immatériels dans l'entreprise (voir chapitre 4), ou de manière plus empirique, un premier niveau d'importance du projet pourra être défini (le projet concerne-t-il un actif stratégique ou pas ?). Ce point sera noté de 1 à 5. Un projet touchant au capital client recevra toujours la note 5. *Dans notre exemple, le sujet touche au capital client. Il sera donc noté à 5;*

- la manière dont le projet influe sur les actifs concernés sera prise en compte : les touche-t-il à la marge, au cœur ou de manière intermédiaire ? *Dans notre exemple, l'impact est jugé fort, car le produit a recueilli de très bonnes appréciations des panels de consommateurs-tests en pré-lancement. La note sera donc de 5*;

- les actifs immatériels concernés par le projet feront l'objet d'une évaluation complémentaire. Ont-ils ou non de gros besoins en innovation ? Ce critère sera noté à nouveau sur une échelle de 1 à 5. *Dans le cas présent, la gamme de produits de l'entreprise ne souffre pas de vieillissement et l'achat de ce produit entraînera probablement la moindre vente d'autres. Mais ce nouveau produit est attendu pour mieux fidéliser la clientèle des 5-15 ans. Sur ce dernier point la note sera 3.*

L'importance du domaine d'application est ensuite calculée en effectuant la moyenne des trois notes. Comme le montre le tableau ci-dessous, la note finale du projet pris en exemple est de 4,33. Le projet a donc une forte importance pour l'entreprise.

Actif concerné par le projet	Importance de l'actif pour l'entreprise	Besoin en innovation de l'actif	Importance du sujet	Moyenne des notes
Capital client (marketing, commercial)	5	3	5	4,33
Capital humain et management	5	5		
Capital organisationnel	3	4		
Système d'information	3	1		
Capital de savoir et innovation produit	5	5		
Capital fournisseur et achats	3	1		
Capital de marques	2	1		
Capital matériel	5	2		
Finance	5	4		

Figure 8.8 : Tableau de notation de la valeur immatérielle du projet.

Ensuite, par une simple équation linéaire, la note obtenue (4,33) est convertie en coefficient de capital immatériel. La formule est la suivante :

$$\text{Multiple} = 0,75 \times \text{note} + 0,25$$

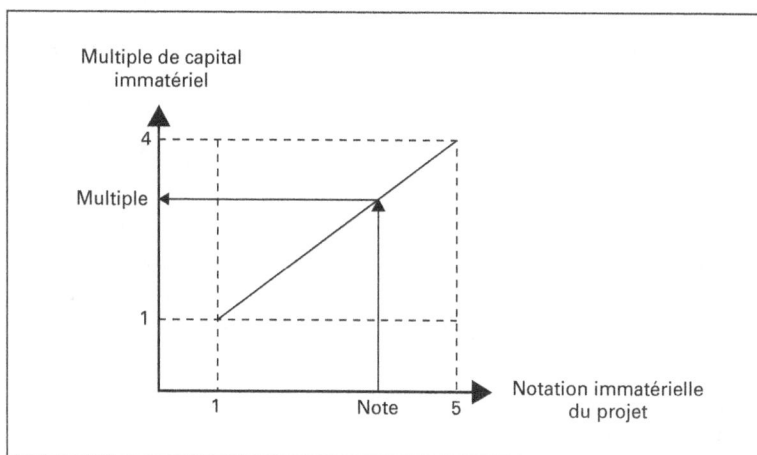

Figure 8.9 : Présentation graphique de la fonction permettant de passer de la notation immatérielle au multiple de capital immatériel.

Dans notre cas, le multiple de capital immatériel est égal à 3,49.

Valeur actuelle du résultat d'exploitation après impôts	358,11
Multiple de capital immatériel	3,49
Valeur immatérielle du projet	1249,80
Valeur immatérielle (EVA-I)	225,83
Valeur globale	1475,63

Figure 8.10 : Calcul de la valeur globale de Choc-Miam.

Comme le montrent ces calculs, la rentabilité d'exploitation de ce projet, cumulée sur cinq ans, est de 1 300 K€ ; compte tenu du coefficient de risque du projet (17 %), la valeur actuelle de la rentabilité cumulée après impôts n'est que de 358,11 K€. Si on emploie une formule EVA, seule la fraction de la rentabilité qui excède le coût des capitaux investis est considérée comme de la valeur matérielle créée (plutôt un excédent de valeur créée par rapport à la rémunération des capitaux). Cette valeur est de 225,83 K€. Toutefois, compte tenu de la valeur immatérielle du projet, sa vraie valeur globale (qui tient compte du coût des capitaux investis et de la contribution du projet au capital immatériel) s'établit à 1 475,63 K€.

Le manque d'habitude dans l'usage du capital immatériel peut entraîner ici une interrogation : sur quoi repose vraiment le *goodwill* de ce projet ?

Le tableau précédent (8.8) montre le niveau d'importance du projet pour les différents actifs immatériels, mais n'est-ce pas justement ce qui fait sa rentabilité ? Dès lors, n'est-on pas en train de compter deux fois la même chose ?

En fait, le *goodwill* du projet est révélateur, comme dans le cas d'une entreprise entière, de sa capacité de création de valeur dans le futur, au-delà de la période d'observation.

Dans le cas du projet Choc-Miam, nous n'avons effectué le calcul qu'en prenant en compte l'impact du projet sur le capital client. Mais nombre de projets ont un impact plus large : développement du capital savoir, amélioration de la compétence ou de la motivation des salariés, progrès organisationnels, etc. Tous ces éléments relèvent de la valeur immatérielle d'un projet et ne sont pas pris en compte dans le business plan et dans la création de valeur matérielle qui en découle.

Chapitre 9

Calcul de la valeur d'organisations à but non lucratif et de structures non rentables

Contexte et enjeux

Par définition, une organisation à but non lucratif n'a pas pour vocation de faire du profit. Nous rangeons dans cette catégorie les organismes publics (conseil général, municipalité...), les organismes de service public (hôpitaux, maisons de retraite ou écoles), mais aussi les parties de l'entreprise que l'on appelle les « centres de coûts » par opposition aux centres de profits. Une direction R & D entre, par exemple, dans cette catégorie.

Toutes les méthodes de valorisation financière classiques des entreprises étant basées directement ou indirectement sur la rentabilité, il n'est pas possible d'en faire usage pour calculer la valeur de ces organisations. Est-ce à dire pour autant qu'elles sont sans valeur ? Bien sûr que non. Si ces organisations n'avaient pas de valeur, elles n'existeraient pas durablement. Simplement, les instruments habituellement utilisés pour calculer la valeur ne sont pas applicables à leur cas.

La difficulté de valoriser financièrement ce qui n'est pas rentable pose un grave problème macro-économique. Il nous interdit tout simplement d'évaluer la richesse d'une ville, d'un département, d'une région, voire d'un pays. Comment, dans ce cas, peut-on prendre de bonnes décisions d'investissement, de subventions ou de désinvestissement ? L'enjeu est donc de taille.

Le capital immatériel ouvre un nouveau champ de réflexion et d'étude dans ces domaines.

Dans les paragraphes qui suivent, nous proposons trois approches de valorisation. La première offre la possibilité de calculer une valeur financière pour une organisation à but non lucratif. La deuxième s'affranchit de la dimension financière pour proposer une méthode de valorisation plus universelle. Cette approche complémentaire de la première est importante car, dans certains cas, il est impossible ou scabreux de rechercher la valeur financière d'une structure ou d'un projet. À nouveau, cette impossibilité ne doit pas conduire à conclure que l'entité est sans valeur (ou que toutes les entités de ce type ont la même valeur). Enfin, dans la troisième approche, nous posons les bases de ce que pourrait être le calcul de la valeur immatérielle d'un État.

Approche financière

Bien qu'encore relativement grossière, la méthode présentée ci-dessous permet des progrès substantiels par rapport aux pratiques en vigueur. Elle offre, d'une part, une démarche générique applicable dans tous les cas et, d'autre part, une approche plus affinée, mais qui ne s'applique que dans certains cas.

Démarche générique globale

Pour une entreprise commerciale, le lien entre la notation des actifs immatériels et la rentabilité est fort (voir chapitre précédent). Nous avons aussi établi que le lien entre la performance économique d'une entreprise et la valeur de son PBR est étroit. Par transitivité, le lien entre la notation des actifs immatériels et le PBR est fort. C'est sur ce lien que nous fonderons notre raisonnement.

L'examen des entreprises cotées et non cotées nous permet d'établir une table de correspondance entre la notation des actifs et le PBR.

Notation	PBR
A	Entre 4 et 5 (rarement plus)
B	Entre 2 et 3
C	Entre 1 et 2
D	Entre 0,5 et 1
E	Entre 0 et 0,5
F	Entre −1 et −3 (parfois plus)

Figure 9.1 : Correspondance entre notation immatérielle et valeurs de PBR.

Cette table permet d'attribuer une valeur à une organisation qui n'a pas vocation à être rentable. Suivant la note de capital immatériel qu'elle obtiendra, sa valeur totale se calculera comme un multiple plus ou moins important de sa valeur comptable.

Ainsi, par exemple, si une mairie montre un très bon capital client (ici, il faudrait plutôt parler de capital «administrés»), un très bon capital humain, une excellente organisation, un très bon système d'information, sa valeur financière virtuelle sera de cinq fois sa valeur comptable. Tout simplement parce que, si cette mairie était une entreprise privée, grâce à tous ces atouts, elle aurait les moyens de dégager une forte rentabilité. Cette réflexion n'est sans doute pas d'une grande utilité pour une mairie. Pourtant, c'est un moyen très simple de comparer des organisations publiques entre elles et la manière dont elles font usage des deniers publics.

Démarche spécifique globale

Le paragraphe qui précède peut susciter un certain scepticisme. Pourquoi la valeur d'une mairie serait-elle de cinq fois sa valeur «comptable», simplement parce que ces multiples sont observés dans le secteur privé? Une étude complémentaire de certains secteurs ou de certaines activités nous permet pourtant de conforter ce point. En effet, le caractère commercial ou non d'une activité dépend de trois facteurs :

- les lois en vigueur dans le pays concerné;

- l'origine de l'investissement (un hôpital n'a pas de but lucratif, mais une clinique est une entreprise commerciale);

- des décisions de management : le jour où une entreprise externalise sa direction des systèmes d'information, celle-ci devient un centre de profit! Idem dans les cas de plus en plus courants d'externalisation de la R & D.

La valeur intrinsèque d'une organisation doit-elle varier en fonction de ces options exogènes? Non. Ainsi, dans tous les domaines d'activité où des organisations commerciales et non commerciales coexistent, la démarche générique précitée pourra être complétée par une étude de la valeur des structures marchandes. Par exemple, l'activité transport de Veolia[1], en 2004, montre une rentabilité d'exploitation assez faible, de

---

1. Rapport annuel 2004.

l'ordre de 3 %. En imaginant que cette situation soit représentative de la rentabilité moyenne d'un opérateur privé de transport en commun[1], il serait aisé d'en déduire que de telles entreprises ont un faible ratio PBR. Celui-ci pourrait, par exemple, s'établir aux alentours de 1 à 1,5. Grâce à ce point de référence, la notation des actifs immatériels d'opérateurs publics de transport permettrait d'en calculer la valeur financière. Si le capital immatériel d'une régie publique de transport en commun reçoit une note moyenne, sa valeur totale sera de 1,3 ou 1,4 fois sa valeur comptable. Si elle reçoit une très bonne note, sa valeur financière sera obtenue en multipliant sa valeur comptable avec le meilleur PBR du secteur privé correspondant.

De nombreux centres de coûts internes à une entreprise peuvent ainsi faire l'objet du calcul de valeur financière. Par exemple, l'examen des meilleures et des moins bonnes valorisations d'opérateurs d'infogérance (IBM, ATOS ou CSC) permettra de calculer la valeur financière d'une direction des systèmes d'information. Si celle-ci a de très bons actifs immatériels, le PBR le plus élevé des opérateurs privé lui sera attribué. Si ses actifs immatériels sont mal notés, elle recevra le PBR le plus faible observé dans le secteur marchand. Outre l'intérêt pour le dirigeant, qui trouve ainsi un nouveau moyen de valoriser son travail, cela permet également de définir une valeur d'externalisation, de *spin off* (structure interne à une entreprise qui, vendue, devient une entreprise indépendante).

Approche analytique

L'approche analytique consiste à étudier à l'intérieur d'une organisation à but non lucratif ces projets créateurs de valeur financière.

Ainsi, par exemple, dans un laboratoire pharmaceutique, les projets de développement de nouvelles molécules pourront faire l'objet d'une valorisation financière en fonction de l'avancement de leur mise au point. Dans ce cas, l'estimation des gains obtenus lors de la mise sur le marché sera minorée en fonction de calculs probabilistes. Exemple :

- phase pré-clinique et essai sur l'animal : espérance de gains × 20 % ;

---

1. Ce qui n'a rien de certain, une étude serait nécessaire pour le dire.

- passage à l'homme :
  - phase 1 (sujet sain) : espérance de gains × 40 % ;
  - phase 2 (sujet malade) : espérance de gains × 60 % ;
  - phase 3 (poursuite des essais et notamment comparaison placebo) : espérance de gains × 80 % ;
- autorisation de mise sur le marché :
  - phase 4 : pharmacovigilance : espérance de gains × 95 %.

Cette approche analytique inclut tous les calculs de valeur de brevets déjà exposés au chapitre 4. Les calculs présentés ci-dessus relatifs aux molécules pharmaceutiques ne constituent en fait qu'un cas particulier de valorisation de brevets.

De la même façon, les méthodes de création de valeur de projets présentés au chapitre précédent sont incluses dans la présente approche. Ainsi est-il possible de calculer la création de valeur matérielle et immatérielle, réalisée par une direction informatique, en étudiant la création de valeur de ses projets[1].

Ces évaluations ponctuelles sont à combiner aux techniques globales qui précèdent afin de dégager l'estimation de valeur financière la plus vraisemblable de l'organisation.

Approche non financière

Dans de nombreux cas, toutefois, la valorisation financière n'est pas applicable. Il peut y avoir deux raisons à cela :

- le contexte humain ne s'y prête pas. Même si des arguments sérieux peuvent être présentés qui valident l'évaluation financière d'une structure à but non lucratif, cette approche, très innovante, peut désorienter. Il est souhaitable, dans ce cas, de disposer d'outils permettant une appréciation objective de la valeur, bien que non financière ;

- le sujet ne s'y prête pas et même ne doit pas s'y prêter. C'est le cas d'un projet de recherche. Si celui-ci peut faire l'objet d'un calcul de rentabilité au moment de son lancement, il est probable qu'il soit peu innovant et qu'il fasse très peu progresser la connaissance.

---

1. *Ibid.*

Lorsque l'évaluation financière n'est pas possible ou pas souhaitable, une méthode de rating, complétée par rapport à celle qui a été présentée au chapitre 6, pourra être mise en œuvre.

Présentons cette méthode au travers d'un exemple pour un projet de recherche en marketing.

Le projet est mandaté par la direction du marketing d'un grand groupe industriel présent à l'international pour étudier l'impact de la prise en compte des caractéristiques culturelles locales dans l'efficacité des campagnes publicitaires pour ses produits.

Dans un premier temps, la pertinence du projet sera évaluée selon deux critères majeurs : l'importance du domaine d'application pour l'entreprise et la promesse d'innovation du projet.

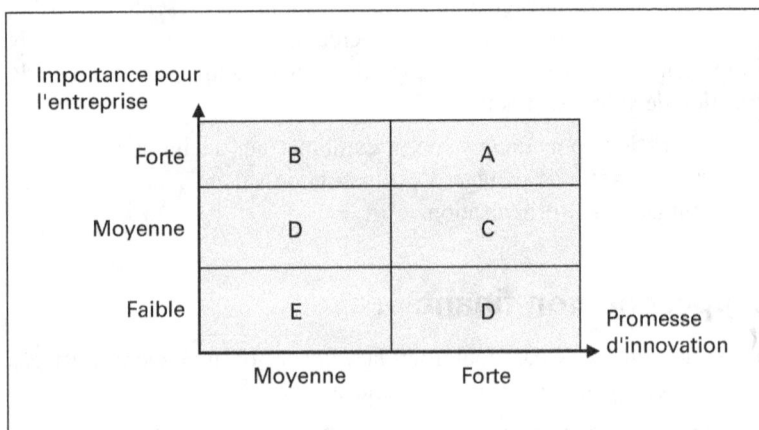

Figure 9.2 : Grille de notation de la valeur d'un projet de R & D.

Pour ces deux critères, une appréciation grossière et empirique serait insuffisante, une étude détaillée est donc menée.

En premier lieu, le domaine d'application du projet est étudié. Le projet a-t-il un impact sur le capital humain, le capital client et les actifs matériels, etc.? À la lumière de travaux sur l'importance relative des actifs immatériels dans l'entreprise (voir chapitre 4), ou de manière plus empirique, un premier niveau d'importance du projet pourra être défini (le projet concerne-t-il un actif stratégique ou pas?). Ce point sera noté de 1 à 5. Un projet touchant au capital client recevra toujours la note 5. *Dans notre exemple, le sujet touche au capital client. Il sera donc noté à 5.*

En deuxième lieu, la manière dont le projet influe sur les actifs concernés sera prise en compte : les touche-t-il à la marge, au cœur ou de manière intermédiaire ? À nouveau, une note de 1 à 5 sera attribuée. *Dans notre exemple, l'impact est jugé intermédiaire. En effet, la dimension culturelle d'un message publicitaire peut avoir un effet très sensible sur le comportement d'achat des clients. Mais ce point compte moins que le rapport qualité/prix ou que la bonne définition des cibles de clientèle. La note sera donc de 3.*

En troisième lieu, les actifs immatériels concernés par le projet feront l'objet d'une évaluation complémentaire. Ont-ils ou non de gros besoins en innovation ? Ce critère sera également noté sur une échelle de 1 à 5. *Dans le cas présent, la démarche marketing de l'entreprise est jugée comme l'un de ses points faibles. Il faut donc innover pour améliorer le capital client. Ce critère sera noté 4.*

L'importance du domaine d'application est ensuite calculée en effectuant la moyenne des trois notes. *Comme le montre le tableau 9.3, la note finale du projet pris en exemple est de 4/5. Le domaine d'application du projet a donc une grande importance pour l'entreprise.*

Actif concerné par le projet	Importance de l'actif pour l'entreprise	Besoin en innovation sur l'actif (1 à 5)	Importance du sujet traité (1 à 5)	Moyenne des notes
Capital client (marketing, commercial)	5	4	3	4/5
Capital humain et management	5	5		
Capital organisationnel	3	4		
Système d'information	3	1		
Capital de savoir et innovation produit	5	5		
Capital fournisseur et achats	3	1		
Capital de marques	2	1		
Capital matériel	5	2		
Finance	5	4		

Figure 9.3 : Notation de la valeur immatérielle du projet de R & D.

Le sujet traité par le projet a lui-même fait l'objet d'une évaluation. Il en résulte que, selon le directeur général de la branche et le directeur marketing, la promesse d'innovation de ce projet est moyenne. Chacun ayant donné une note de 1 à 5.

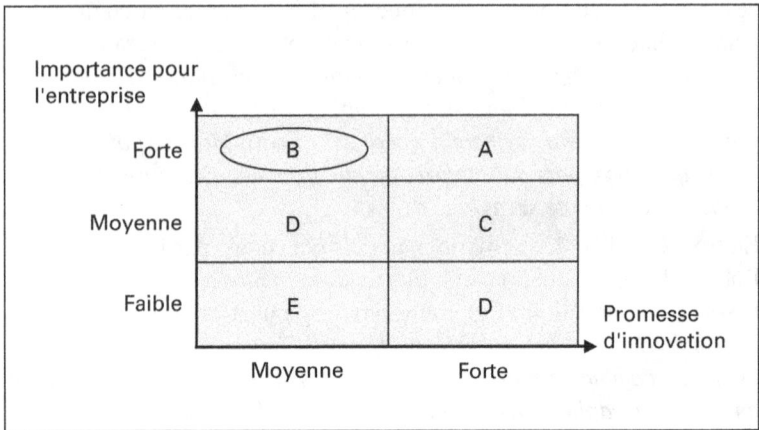

Figure 9.4 : Notation brute de la valeur du projet de R & D.

Dans notre exemple, la pertinence du projet est notée « B », ce qui est une bonne note. L'évaluation ne s'arrête pas là. Dans un second temps, le projet fait l'objet d'une étude de capital immatériel, un peu comme s'il s'agissait d'une entreprise :

- capital client : la satisfaction du client, la qualité de la relation, l'adéquation du projet et de ses résultats ou de son avancement par rapport au cahier des charges seront pris en compte. Ce sujet sera aussi appelé l'avis client : le déroulement de ce projet convient-il au client ?
- capital humain : la composition de l'équipe et son adéquation au sujet à traiter (expérience, cohésion, motivation) sera évaluée ;
- capital organisationnel : l'organisation du projet, la qualité des estimations de charge et du planning, l'efficience, l'efficacité et le plan assurance qualité seront étudiés ;
- capital fournisseur : les sous-traitants seront notés ;
- etc.

Comme pour les autres notations de capital immatériel, le projet sera regardé sous deux angles : l'angle du capital client (« source » de valeur) et l'angle des actifs du projet lui-même (« collecteurs » de valeur). La notation du capital immatériel du projet sera la moyenne des notes « source » et « collecte ». Nous appellerons cette notation le « rating propre » du projet.

Cette notation est indispensable en complément de la pertinence du projet. En effet, si, malgré un bon sujet, le projet se passe mal, il sera *in fine* sans valeur. *Pour notre exemple, le client du projet se montre très satisfait de la manière dont est traité le sujet. L'avis client est ainsi noté «A». Les actifs de collecte sont pour leur part notés «B». Le rating propre du projet est donc noté «B+».*

Au final, le rating immatériel du projet (rating propre) et sa pertinence seront combinés selon le tableau ci-dessous pour définir la notation finale de la valeur du projet.

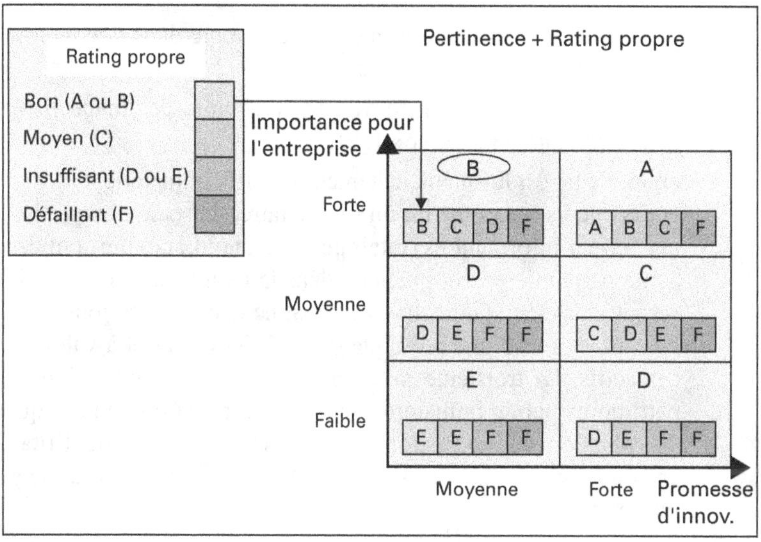

Figure 9.5 : Notation finale de la valeur du projet de R & D.

Dans le cas présent, la valeur du projet de recherche en marketing que nous avons pris en exemple est notée «B». C'est donc un projet dont la valeur est élevée.

Application du concept de capital immatériel à un État

Le capital immatériel est en passe de devenir un grand sujet d'économie et de finances, comme le montre cet extrait des vœux à la presse de Thierry Breton le 17 janvier 2006 :

- services : «*Ce secteur recouvre notamment les services de proximité et les "services à la personne". Je suis dans ce domaine convaincu de la pertinence du Plan adopté cet été.*»;

- immatériel : «*Je voudrais juste m'arrêter un instant sur ce qui est pour moi la principale révolution de notre système productif [...]. Face à cette révolution, l'État doit contribuer à tracer la voie. C'est dans cet esprit que j'ai demandé à l'Inspection Générale des Finances de conduire cette année dans ce domaine trois grandes missions de réflexion pour défricher les sentiers de l'économie de demain :*

  - la première, «concurrence, monopole et rente dans l'économie de l'immatériel» [...];
  - la deuxième, «création de valeur et circuits de financement dans l'économie moderne» [...];
  - enfin, l'État est lui-même détenteur d'actifs immatériels. L'État et ses agents ont construit un savoir-faire, un socle d'expertise, une base d'informations (intelligence économique) qui sont des actifs particulièrement précieux dans le monde actuel, et qui le seront plus encore demain. Or, l'État ne dispose à ce jour ni de mécanismes ni d'une politique destinés à évaluer et à valoriser ces actifs. La troisième mission, «contours et valorisation du patrimoine public immatériel» visera à concevoir une politique d'évaluation et de gestion des actifs immatériels de l'État, en s'appuyant, là aussi, sur les meilleures pratiques internationales.»

Il apparaît clairement dans les propos et les décisions du ministre des Finances que la prise de conscience relative à l'importance du capital immatériel s'est opérée au plus haut niveau de l'État, ce qui va créer une vaste synergie entre les approches privées et publiques, entre la macro et la microéconomie.

Quelques bases

L'application de notre modèle à un pays permettrait l'évaluation de son capital immatériel :

- capital client : le pays travaille-t-il avec d'autres pays riches, solvables et stables politiquement? Les relations sont-elles fructueuses, établies depuis longtemps, en croissance ou en décroissance?;

- capital humain : quel est le niveau d'éducation de la population, le climat social ? Etc. ;

- capital organisationnel : quel est le niveau de complétude des institutions, d'efficacité administrative et juridique ? Quelle est la qualité de l'ensemble des politiques de prévention, de sécurité, mais aussi des infrastructures ? Quelle est la fiabilité des mécanismes de gestion économique ? ;

- capital savoir : quelle est la qualité de la recherche, le nombre de prix Nobel, de chercheurs, de brevets et de publications déposés dans l'année ? ;

- système d'information : quel est le nombre d'ordinateurs rapporté au nombre d'habitants ? La fiabilité du réseau des télécommunications ? La densité du réseau ? ;

- capital fournisseur : quelle est la qualité des partenariats d'importation, la robustesse de ces partenariats, les solutions de repli en cas de difficulté diplomatique avec un pays fournisseur ? ;

- gouvernance : s'agit-il ou non d'une démocratie ? Les processus démocratiques sont-il forts, fiables ? ;

- image de marque : le pays jouit-il d'un fort rayonnement politique et culturel, d'un important afflux touristique annuel ? ;

- capital naturel : quel est l'état des ressources naturelles ?

Il ne fait aucun doute qu'une comparaison entre différents pays, même sommaire, basée sur ces critères, nous ferait voir la place de la France dans le monde d'une manière plus objective (et probablement différente de notre vision actuelle). Cela reviendrait, en termes financiers, à poser une question simple : quel est le *goodwill* de la France ?

Premiers résultats

Selon les travaux de la Banque mondiale[1], le capital immatériel d'un État peut être défini comme la différence entre la « richesse totale » de cet État et les « actifs matériels » produits par lui. En termes de mesure, la « richesse totale » peut être évaluée comme la consommation future d'une génération mesurée en valeur actuelle. Par convention, la durée de cette accumulation de dépenses est fixée à 25 ans. Les « actifs

---

1. Banque mondiale, *Where is the wealth of nations?*, Washington, 2006.

matériels» additionnent la «capacité productive» d'un État, à partir
des données de dépenses d'investissements réalisées précédemment
(données historiques) et «les ressources naturelles»[1] évaluées en
stocks (réserves), en utilisant les volumes (prouvés) multipliés par les
prix (cours mondiaux). Dans cette méthodologie, le capital immatériel
du pays est évalué par déduction (différence entre la «richesse totale»
et les «actifs matériels»).

Selon cette étude, la France a été classée neuvième en 2000, avec une
richesse par habitant égale à environ 468 000 dollars, dont plus de
403 000 au titre du capital immatériel, soit 86 % de la richesse totale!
La Suisse est première du classement avec 648 000 dollars par habitant.
Le Danemark est deuxième (575 000), la Suède troisième (513 000) et
les États-Unis quatrième (512 000). Parmi les pays les plus pauvres: le
Burundi (2 859), le Nigeria (2 748) et l'Éthiopie (1 965).

Ces travaux sont par ailleurs riches d'enseignements sur les facteurs de
création de richesse à l'échelle d'une nation. Ainsi, l'augmentation de
la scolarité moyenne d'un an se traduit par un accroissement de la
richesse totale par habitant de près de 840 dollars dans les pays à faible
revenu, d'environ 2 000 dollars dans les pays à revenu intermédiaire et
de plus de 16 000 dollars dans les pays à revenu élevé.

Dans tous les pays, le capital immatériel représente la plus grande part
de la richesse nationale (84 % en Suisse, 87 % en Suède, 82 % aux
États-Unis, 64 % pour le Mozambique, 52 % pour le Népal).

De telles analyses, avec un capital immatériel calculé (voir notre
approche) ou déduit (comme le fait la Banque mondiale) pourraient
être transposées à une région, un département ou une commune, ce qui
ouvre la voie à des études ultérieures fort intéressantes.

---

1. Dans notre modèle, les ressources naturelles figurent parmi les actifs immatériels, car ils
ne figurent nulle part dans les comptes. Cependant, dans un système comptable plus
complet, leur classement parmi les actifs matériels serait plus cohérent.

Partie 3

Du capital immatériel à l'économie immatérielle

Au-delà de ses deux grandes applications en entreprise – l'aide au management et l'évaluation financière –, le capital immatériel offre une vision radicalement nouvelle de l'économie. Quittons maintenant le domaine des chiffres afin d'explorer le caractère politique, et même philosophique, de cette jeune discipline.

Chapitre 10

Le manager «immatériel» : un manager émotionnel

Notre richesse, ce sont nos hommes[1]

Nous avons posé, dès l'introduction, que les actifs intangibles d'une entreprise résultent de son capital humain passé et présent. Ainsi, si deux tiers de la valeur des entreprises sont immatériels en moyenne, il en résulte que deux tiers de la valeur des entreprises sont humains en moyenne. Si une entreprise a un bon capital client, c'est grâce à ses commerciaux d'hier et d'aujourd'hui. Si elle a une bonne marque, c'est grâce à ses responsables marketing d'hier et d'aujourd'hui, si elle a beaucoup de savoir embarqué dans ses produits et une bonne R & D, c'est grâce à ses ingénieurs et chercheurs, etc.

La réussite d'une entreprise passe donc par la qualité et le bon fonctionnement de son capital humain. Quel truisme ! «*Notre richesse, ce sont nos hommes*». Fallait-il attendre le capital immatériel pour l'entendre? Certes non! Ce refrain a été entonné depuis longtemps par les managers. L'esprit d'équipe, les analogies avec la voile, le rugby ou encore les grands orchestres peuplent l'imagerie managériale moderne.

Pas de doute, le discours est au point, mais la réalité est à la traîne. Pour certains dirigeants, les ressources humaines restent des ressources parmi d'autres, comparables aux ressources matérielles. Pour eux, les salariés sont un moyen de production et une charge : la masse salariale. Que fait-on en cas de trou d'air? On compresse toutes les charges, y compris celle-ci !

---

1. La formule de Jean Bodin – « *Il n'est de richesses que d'hommes* » – a fait florès.

La vision du manager immatériel n'a rien à voir. Le capital humain est la première richesse. Cela entraîne des décisions bien différentes qui visent à développer et à préserver le capital humain.

Il ne s'agit pas de pousser les entreprises à la ruine au nom d'un dogme. Le manager immatériel a, autant que le manager traditionnel, la volonté de créer de la richesse. Il n'a simplement ni les mêmes valeurs, ni la même grille de lecture, ni les mêmes priorités.

Fort heureusement, la Bourse valorise très fortement l'immatériel. Le capital humain et la valeur qu'il engendre se trouvent donc valorisés de manière incontestable par les marchés ! Cette réalité sera de plus en plus difficile à contester, y compris selon le point de vue le plus financier.

De l'émotion et de la raison au cœur de l'intangible

La valeur des entreprises repose donc sur les hommes aux deux tiers. Est-ce à dire que cette valeur pourrait être influencée par des facteurs spécifiquement humains ? Nul besoin de chercher longtemps pour en avoir confirmation.

Le capital immatériel, c'est du savoir et de l'émotion !

Ainsi pouvons-nous constater aisément l'importance que joue la connaissance dans le capital immatériel :

- valeur de la clientèle : le client **sait** qu'il peut avoir confiance dans l'entreprise ; l'entreprise **sait** trouver des clients, elle **connaît** les bons segments et les tendances ; les marques sont **connues** ;
- valeur des hommes : les collaborateurs ont des **compétences**, sont **formés**, **savent** travailler ensemble, **connaissent** les objectifs ;
- valeur du savoir : l'entreprise capitalise ses **savoir-faire** ; l'organi-sation est **apprenante** ; certains savoirs son **brevetés** et, surtout, c'est grâce au **savoir** contenu dans les produits que ceux-ci se vendent ;
- valeur du système d'information : il constitue la **mémoire** de l'entreprise ;
- valeur de l'organisation : elle est claire, **connue**, les processus sont **documentés** ;

- valeur des fournisseurs : les bons fournisseurs sont **connus**; ils **connaissent** bien l'entreprise.

De même, l'émotion tient une place majeure dans le capital immatériel :

- valeur de la clientèle : la marque **fait rêver** le client; le client est attaché à l'entreprise; l'entreprise a une **bonne réputation**, une **bonne image**; la relation commerciale est basée sur **l'intimité client**;

- valeur des hommes : les collaborateurs sont **attachés** à l'entreprise, sont **fiers** d'y travailler, ont **envie** de s'entraider; l'entreprise a une forte **culture**;

- valeur des fournisseurs : les fournisseurs sont **attachés** à l'entreprise, sont **fiers** de travailler pour elle.

N'est-il pas intellectuellement stimulant de poursuivre le présent cheminement? Nous avons débuté ce livre par des considérations très financières et capitalistes : comment mesurer la création de valeur? Comment créer plus de valeur? Nous voici dans le domaine – marécageux penseront certains – des sciences humaines, de la gestion des émotions et de la psychologie.

Ne sous-estimons pas le bouleversement que cette prise de conscience constitue pour le management. Il ne s'agit pas d'un chambardement théorique mais pratique. Depuis longtemps, les sujets qui ont trait à la psychologie appliquée à l'entreprise et, plus récemment, à l'intelligence émotionnelle ont fait l'objet de beaucoup de travaux. Mais c'est dans le domaine des applications opérationnelles que les grands changements seront visibles demain, lorsque les dirigeants donneront à ces questions toute l'importance qu'elles méritent.

La fin du manager mécaniste

Pour beaucoup de dirigeants et de consultants, l'entreprise est encore un monde essentiellement mû par des forces mécaniques. Faire réussir une entreprise, c'est pour eux une question d'organisation, de processus, de systèmes d'information, de planification stratégique et opérationnelle. Selon cette vision d'ingénieur, lorsque ces questions ont été traitées, l'entreprise fonctionne bien.

Selon Alain Perrot[1], ces managers vivent dans la matrice, un monde virtuel où les décisions sont mathématiques : elles pourraient être les résultats d'équations à plusieurs inconnues.

Mais la réalité est tout autre. Les processus, les projets, les organisations les mieux pensées sont vouées à l'échec sans la volonté de ceux qui les mettent en œuvre. Ce bon vouloir est-il toujours présent ? Malheureusement, non. Les luttes d'influence, les «ego», les frustrations, les peurs, le ressentiment, les inimitiés, les comportements claniques ont tôt fait de ruiner les plus belles organisations et les plus beaux plannings !

Le manager de demain doit donc sortir de la matrice et traiter des questions complexes liées aux intérêts personnels, aux émotions et à l'irrationalité.

Comme dans le film *Matrix*, sortir de la matrice n'est pas la chose la plus confortable qui soit. Cela oblige à laisser de côté le confort des chiffres et des certitudes pour entrer dans l'incertain, dans la complexité, là où les décisions sont heuristiques, se prennent au feeling.

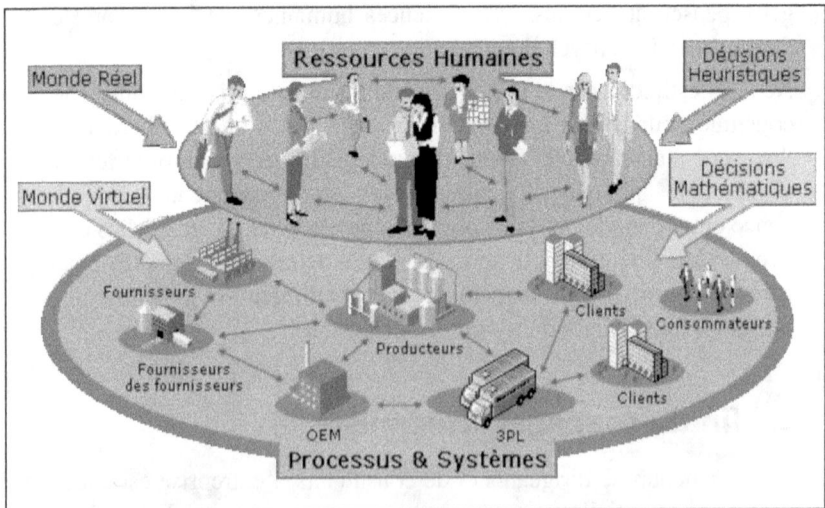

Figure 10.1 : Syndrome de Matrix.

1. Directeur associé du cabinet Goodwill-Management.

La présentation de ces idées n'entraîne en général que des approbations. Chose curieuse, même le manager le plus mécaniste défendra avec sincérité qu'il adhère à tout ceci et qu'il traite ces aspects tous les jours, qu'il ne fait que ça !

Il faut donc se rendre à l'évidence, dans ce domaine, même celui qui se juge plus avancé que la moyenne, doit en faire davantage, comme le prouvent les quelques exemples qui suivent :

- une opération de croissance externe sur deux détruit de la valeur, presque toujours pour des questions d'hommes et d'émotions !

- même lorsque les fusions donnent de bons résultats, la non-synergie entre les équipes a un coût faramineux : à la fin des années 1990, deux grandes entreprises françaises fusionnent. La première a dans son identité visuelle une dominante de couleur bleue. La seconde une dominante de couleur verte. Lors de la fusion, le dirigeant fait une déclaration qui impressionne la presse et les analystes : six jours pour concevoir le plan de rapprochement, six semaines pour le spécifier, six mois pour le conduire ! Compte tenu de la taille des deux entités, c'est remarquable. Mais plusieurs années plus tard, en réunion, les « verts » ne parlent toujours pas aux « bleus ». Selon une vision mécaniste, la fusion a bien pris six mois (ce qui est déjà une prouesse). Sur le plan de la vraie vie, des relations humaines, le sujet a été négligé et une grande quantité de valeur cachée est détruite ou n'est pas produite chaque jour. Le dirigeant finit par en prendre conscience. Après plusieurs années, il exhorte donc ses collaborateurs à tous se rallier à la couleur turquoise et laisser derrière eux les querelles de « verts » et de « bleus » ! Le caractère puéril de cette situation est d'autant plus étonnant qu'elle concerne des cadres dirigeants, mais il situe bien le niveau du psychodrame. La requête agacée du patron est-elle suffisante ? Officiellement, oui !

Nous pourrions multiplier ces exemples à l'infini. Ils nous montrent à quel point il convient d'être lucide et modeste dès lors que l'on entend vraiment sortir de la matrice. C'est ce qui fait dire à certains *qu'il ne faut pas essayer de traiter de psychologie en entreprise*, que *c'est trop compliqué*, que *c'est déjà bien assez difficile sans cela*. Toutefois, qu'on le veuille ou non, le management de demain impose la gestion des émotions comme une composante incontournable de la création de valeur.

Portrait du manager de demain (immatériel et émotionnel)

Le temps est donc venu de changer, mais l'amplitude des transformations requises est un peu déroutante car elle bouscule ce que l'on nous a appris dans de nombreux domaines.

Reprenons les caractéristiques de l'économie post-industrielle présentées en introduction, ajoutons-y ce que le capital immatériel nous a appris sur le management et tirons-en les principales conséquences.

Gérer ses émotions et celles des autres

Cette gestion des émotions s'adresse en premier lieu à soi-même. En intelligence émotionnelle, c'est ce qu'on appelle « l'intelligence intrapersonnelle » : je suis capable de gérer mes propres émotions et je cherche même à les maîtriser, ce qui est la voie de la sagesse.

En second lieu, la prise en compte de la force des émotions s'applique à son environnement humain (ses collatéraux, ses collaborateurs, sa hiérarchie) : c'est l'intelligence interpersonnelle ou l'intelligence du cœur.

Même si ces formes d'intelligence ne sont pas mesurées par le QI, nul n'en conteste plus l'existence et l'importance. Le psychologue américain Daniel Goleman a ainsi montré que la réussite professionnelle était à 80 % indépendante du QI et du diplôme, ce qui montre bien qu'une autre intelligence existe !

Ce nouveau domaine d'exercice de l'art du management nécessite autre chose que du bon sens. Il faut des connaissances et de la pratique. En effet, l'être humain est considéré comme l'organisme le plus complexe de l'univers connu : le nombre de connexions dans un cerveau humain est de l'ordre d'un million de milliards (10^{15}), ce qui dépasse le nombre de galaxies composant l'univers connu (10^{12}). La gestion de cette complexité, quoi qu'on dise, ne s'improvise pas.

Ainsi, les neurosciences nous apprennent-elles que l'être humain est dominé par ses automatismes et ses émotions (cerveaux reptilien et limbique), notamment parce que son intelligence (néocortex préfrontal) est dix fois plus lente. Les réactions automatiques shuntent le préfrontal et l'émotion l'inhibe. L'émotion est mauvaise conseillère dit la sagesse populaire. Bien pire, répondent les neurosciences modernes : l'émotion étouffe notre maître intérieur et nous pousse à l'irrationalité.

Nous entrons dans une ère passionnante où la création de valeur viendra avant tout des entreprises les plus douées collectivement en intelligence émotionnelle. Cette évolution marque la faillite du management mécaniste. Il ne sera plus question demain de constituer des équipes faites d'individualités brillantes, mais dont les membres sont incompatibles émotionnellement. En effet, dans cette économie complexe et immatérielle, c'est de la qualité et de la rapidité des échanges entre les maillons d'une chaîne de valeur que naît la richesse et non de la performance de tel ou tel individu.

Le chantier est gigantesque, mais la prise de conscience est encore à venir. Cela donne à ceux qui sont en éveil sur ces questions une opportunité de prendre l'avantage[1].

Intégrer l'immatériel dans son attitude au quotidien

Les nouvelles règles de la création de valeur parce qu'elles sont moins palpables ne sont pas aisées à intégrer pour le manager. Ainsi, nombre d'actes hier jugés anodins entraînent en fait de fortes destructions de valeur cachée.

Si les indicateurs et les tableaux de bord présentés dans la partie 2 sont indispensables, ils ne sont pas suffisants. Le manager de demain aura aussi à développer sa sensibilité ou ses affinités avec l'immatériel car un tableau de bord ne montre jamais tout.

Nous ne reviendrons pas ici sur les changements requis dans le management des hommes. Son importance a été développée dans les pages qui précèdent. Mais aussi importante soit-elle, la gestion du capital humain est loin d'être le seul enjeu. Prenons trois exemples pour montrer en quoi le manager immatériel est différent du management classique dans d'autres domaines.

Dans la plupart des entreprises, la quasi-totalité des systèmes d'informations en service n'est pas documentée. Malgré leur grande complexité, la connaissance à leur sujet se transmet oralement entre informaticiens ! Inutile de souligner le risque inhérent à cette pratique

---

1. Nous invitons tous ceux que ce chapitre aura convaincus à lire : Antonio Damasio, *Spinoza avait raison,* éd. Odile Jacob, 2005 ; Daniel Goleman, *L'intelligence émotionnelle,* tomes 1 et 2, coll. «J'ai lu», 2003 ; Alan Fustec, Jacques Fradin, *l'Entreprise neuronale,* Éditions d'Organisation, 2001.

et la perte d'efficacité qui en résulte dans les équipes informatiques (où le turnover est en général important). Pourtant, aucun manager ne décide vraiment d'investir dans la maîtrise de la connaissance de son système d'information car, à court terme, cela semble trop coûteux. Malgré les signaux d'alerte lancés par plusieurs spécialistes depuis une quinzaine d'années, cette situation perdure.

Dans un domaine tout autre, celui de la recherche en produits pharmaceutiques, la gestion de la connaissance est également défaillante. Dans ce secteur, la mise au point de nouvelles molécules prend souvent une dizaine d'années. De ce fait, l'équipe de recherche se trouve souvent renouvelée plusieurs fois entre le début et la fin des travaux. Les systèmes de gestion de la connaissance et de sa transmission sur une longue période sont-ils performants et adaptés à ces changements ? Permettent-ils une traçabilité complète des travaux sur tout le cycle de développement ? Non ! De l'avis de chercheurs travaillant dans les plus grands laboratoires, ce point est également défaillant !

Dans le domaine des achats, enfin, le comportement dominant vise à la recherche du meilleur rapport qualité/prix. Nous n'en contestons nullement l'intérêt. Cependant, une totale indifférence de l'acheteur à la valeur immatérielle entraîne des décisions contraires à l'intérêt de l'entreprise. Beaucoup d'acheteurs n'hésitent pas à remettre en cause une relation durable et efficace avec un fournisseur pour un petit écart de prix. Ce faisant, ils ignorent totalement que dans une économie complexe, pour que deux partenaires économiques établissent la relation la plus fructueuse, il faut du temps. Ainsi, le remplacement d'un fournisseur efficace détruit beaucoup de valeur cachée. L'écart de prix facial justifie-t-il le changement ? Ce calcul n'est quasiment jamais fait.

Créer de la valeur en réseau et ne pas craindre l'externalisation

Par le nombre et la rapidité des échanges, toute entreprise est en concurrence avec ses consœurs du monde entier. Pour entretenir durablement sa compétitivité, elle doit être performante dans tous les domaines. Mais, simultanément, le monde est complexe et compliqué ; l'entreprise ne peut être experte en tout. Elle doit donc s'entourer d'experts dans les domaines qui ne relèvent pas de son cœur de métier.

La création de valeur s'envisage donc de plus en plus au sein de réseaux d'entreprises, eux-mêmes complexes. Cette tendance lourde ne doit être ni crainte ni combattue. Elle ne détruit pas d'emplois, elle les déplace. C'est au contraire le maintien d'équipes moins performantes en interne qui peut entraîner une destruction d'emplois. Le corollaire de cette réalité est simplement l'obligation de mobilité.

Entretenir des relations durables avec ses partenaires, ses collatéraux et ses collaborateurs

Nous l'avons dit, la complexité ne se maîtrise que dans la durée. Ces réseaux créateurs de valeur, pour donner le meilleur d'eux-mêmes, imposent qu'un grand nombre de liens soient établis durablement.

Certains exemples en apportent la démonstration. Lorsque BNP-Paribas décide de sous-traiter son informatique à IBM, ce n'est pas pour un an, tant la complexité de l'organisation conjointe des deux partenaires est grande. Mais à une échelle plus réduite, comme nous l'indiquions plus haut, la relation client-fournisseur ne devrait plus s'établir ou se défaire sur un critère aussi simpliste que le prix facial. Tant que les acheteurs auront cet indicateur comme objectif prioritaire, les choses évolueront peu.

Ainsi, au sein des entreprises, la recherche de relations durables devrait être prioritaire. Ce n'est pas toujours le cas comme le montre cet exemple : lors d'une présentation du capital immatériel, dans une grande entreprise française du CAC 40, alors que nous insistions sur l'importance du capital humain, le directeur des ressources humaines d'une filiale nous déclara : *« Je ne partage pas votre point de vue. Compte tenu de notre notoriété, les meilleurs cadres, diplômés des meilleures écoles, se pressent à notre porte pour travailler chez nous. Et ils ne viennent pas que de France mais de l'Europe entière, parfois même de plus loin ! Nous n'avons donc pas trop le souci de la fidélité des salariés. »* À l'évidence, ce DRH ignorait que le remplacement d'un cadre compétent à son poste coûte entre trois et quatre fois son salaire annuel, quelle que soit l'entreprise ![1]

Accepter le principe d'interdépendance et de plasticité collective

Les grands réseaux de création de valeur imposent donc des relations stables et durables, mais le monde économique est très instable, de moins en moins prévisible et bouge de plus en plus vite.

---

1. Travaux de Nathalie Samier, voir bibliographie.

Le bon contrat conclu hier devient très mauvais aujourd'hui, non pas parce que l'on s'est trompé mais parce que les choses ont changé. La relation durable ne peut donc plus être rigide. Les partenaires doivent se faire confiance et accepter de changer ensemble pour s'adapter. Les relations contractuelles fermées d'hier deviennent ainsi des carcans pénalisants. Les acteurs économiques prennent ainsi conscience qu'ils sont désormais interdépendants et que leur relation doit être «plastique», c'est-à-dire modifiable et très souple.

Hier	Demain
• rigides	• souples et plastiques - changeables
• dures voire violentes	• intelligentes
• précaires	• durables
• hyper concurrentielles	• en recherche du succès pour tous
• fondées sur la défiance	• fondées sur la confiance

Figure 10.2 : Caractéristiques passées et futures des relations entre acteurs économiques.

Les principes d'interdépendance et de plasticité collective nous conduisent à recommander que les relations d'affaires correspondent de plus en plus à l'encadré de droite. Elles ne sont pas encore de cette nature aujourd'hui, mais il faudrait qu'elles le deviennent.

À l'heure des délocalisations, de la montée en puissance, à la fois fascinante et inquiétante, de nouveaux géants comme la Chine ou l'Inde, cette recommandation peut sembler naïve, utopiste, voire dangereuse. Lorsque l'Asie propose à l'Occident des produits textiles à des prix imbattables, observe-t-on une volonté de conserver les réseaux d'affaires existants déjà délocalisés, par exemple, au Maghreb? Non. La délocalisation se poursuit, plus loin, pour des prix toujours plus bas.

Notre recommandation ne s'applique pas partout mais simplement dans les économies post-industrielles. Il faut considérer que l'évolution mondiale est plurielle : en 2006, l'économie post-industrielle est loin d'être une réalité planétaire. L'Afrique a encore une économie proche de celle de l'ère de l'agriculture et beaucoup de pays d'Asie connaissent un développement industriel qui ressemble à celui de l'Europe du début du XXe siècle. Ainsi, nos propos ne s'appliquent pour l'instant qu'au Nord. Cela tient au fait que, pour l'essentiel, les relations avec les pays du Sud sont encore de type industriel.

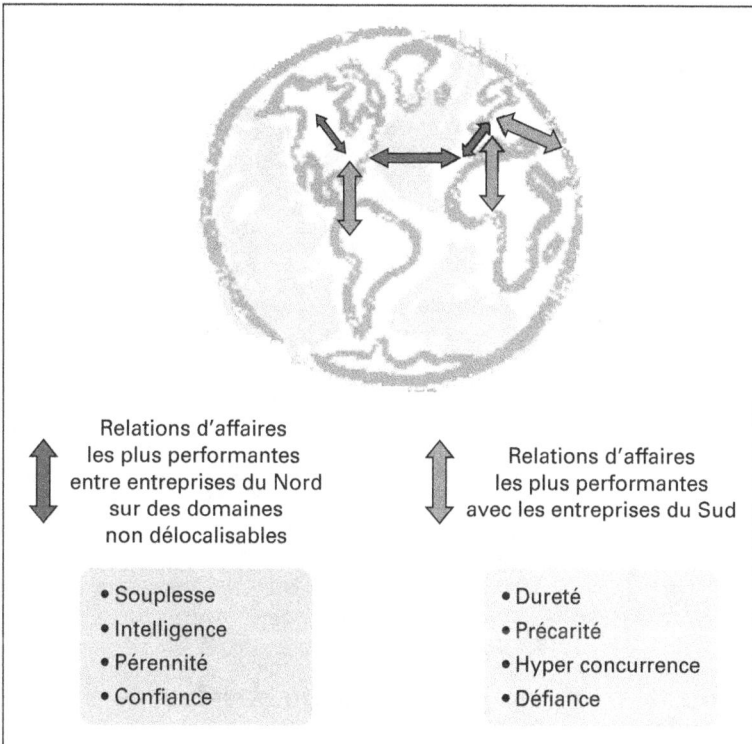

Figure 10.3 : Relations d'affaires les plus performantes au niveau mondial aujourd'hui.

Comment pouvons-nous imaginer le futur ? Le passage de toute l'économie planétaire à l'ère post-industrielle ne se fera pas de manière linéaire, sans souffrance et sans difficulté. Mais les tendances observées partout dans le monde, renforcées par les aspirations des populations, poussent fortement à cette évolution.

À notre avis, les règles du jeu qui donnent dès à présent les meilleurs résultats en Occident finiront par s'imposer partout.

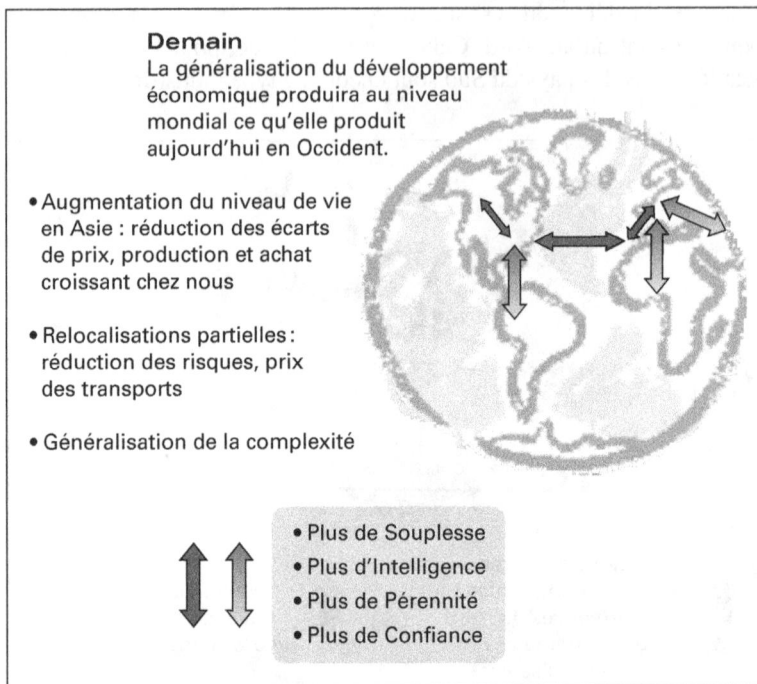

Figure 10.4 : Relations d'affaires les plus performantes
au niveau mondial demain.

Avoir des valeurs pour créer de la valeur

Des relations professionnelles plus sereines, moins émotionnelles, plus durables, plus souples et adaptables qui sont requises dans une économie post-industrielle n'ont aucune chance de s'établir dans un climat de méfiance.

La confiance, ce sentiment si important et si fragile, apparaît donc en tête des besoins que ressentiront de plus en plus tous les acteurs économiques. Sans confiance, en effet, les rapports sont heurtés et tendus ; ils sont également rigides (tout doit être prévu dans des contrats longuement négociés) et suspicieux (malgré ces contrats « en béton », on continue de se méfier de l'autre). Ils sont donc en décalage criant avec les caractéristiques économiques que nous avons décrites.

Nous quittons donc une période où les relations entre parties prenantes de l'entreprise (clients, salariés, dirigeants, actionnaires) étaient relativement simples – chacun cherchait à tirer la couverture à soi – pour une période plus complexe, faisant appel à plus de responsabilité et à plus de coopération bienveillante.

Rien de tout cela n'est envisageable sans éthique, car sans éthique des uns, pas de confiance des autres.

En résumé, il faut, pour l'avènement de ce futur, que trois vertus se développent dans l'économie :

- l'éthique et la responsabilité qui rend chacun digne de confiance ;
- la bienveillance à l'égard d'autrui qui donne à penser que l'autre est digne de confiance ;
- la sérénité qui permet de prendre le risque de faire confiance.

Un jour ou l'autre, nous viendrons au *« doux commerce »* cher à Montesquieu[1], tandis que s'émousseront les valeurs de la guerre économique. Lorsque nous y serons, trois siècles au moins auront passé après l'invention de ce concept par son auteur !

Nous avons volontairement employé le futur ici. Mais n'aurions-nous pas dû, par prudence, employer le conditionnel ? Même si l'intérêt général correspond bien à une évolution dans ce sens, celle-ci ne peut-elle être bloquée par la difficulté de créer un mouvement collectif ? L'emploi du conditionnel ne serait donc pas sot. Il apparaît, en effet, que deux éléments fondateurs de la nature humaine entrent dans le jeu de cette évolution incertaine :

- la raison : un raisonnement objectif et structuré conduit à la conclusion que cette évolution est plus que souhaitable, en premier lieu, au plan économique ;
- l'émotion : la peur et son cortège de variantes (comportements paranoïdes, refus du risque, recherche des privilèges qui protègent) sont des freins puissants à ces changements. En outre, l'agressivité, la volonté de pouvoir et de dominance, l'esprit guerrier, toutes ces attitudes qui figurent au tableau de la colère constituent également de lourds handicaps.

---

1. Montesquieu, De *l'Esprit des lois* (1748), éd. Flammarion, 1990.

Nous en revenons donc, à nouveau, à la force des émotions qui pourrait bien ralentir et peut-être interdire pendant longtemps l'adaptation des entreprises aux réalités de l'économie. Gageons toutefois que les entreprises les plus intelligentes, les plus équilibrées au plan émotionnel, bref, les plus avancées, parce qu'elles montreront une performance enviable, finiront par ouvrir les yeux de toutes les autres.

Chapitre 11

Le lien entre capital immatériel et développement durable

Développement durable : de quoi parlons-nous exactement?

Bien loin des préoccupations de management des entreprises et de valorisation financière, la prise de conscience environnementale est née au cours des années 1960 et a commencé à se structurer en une pensée construite et déjà alarmante au sein du Club de Rome dans les années 1970. Le rapport Meadows[1] ou «Le rapport du Club de Rome», est publié en 1972 et donne corps à cette pensée. Son titre est déjà éloquent : *The limits to growth*.

La première conférence mondiale sur le développement durable, née de cette réflexion, remonte à 1972. Elle se tient sous l'égide de l'Onu à Stockholm. Bien que cette période soit par ailleurs marquée par le retour à la terre de quelques citadins (probablement idéalistes et fragilisés par la vie trépidante des grandes villes), le sujet ne fait pas grand bruit jusqu'à la fin des années 1990.

Que nul ne s'y trompe, le développement durable n'a rien d'un effet de mode ou d'un nouveau discours politique de gauche qui combinerait, pour se renouveler, écologie et aspirations syndicales. Le développement durable fait maintenant parler de lui parce qu'il y a péril en la demeure et grande urgence pour l'ensemble de l'humanité.

---

1. Donella H. Meadows et coll., chercheur au MIT mandaté par le Club de Rome.

Quelques éléments chiffrés[1] nous apportent la preuve de ce réel péril :

- l'effet de serre va provoquer une augmentation de la température moyenne de l'atmosphère de 2 à 6 degrés dans les cent ans. Plusieurs conséquences très graves du réchauffement sont déjà perceptibles. Ainsi, par exemple, le coût des catastrophes naturelles a été multiplié par 10 pendant la décennie 1990. Le récent cyclone *Katrina,* en Louisiane, en constitue une preuve. Autre fait alarmant, deux tiers des îles du Pacifique sont menacées d'immersion et l'évacuation des îles Tulun a commencé en 2005 pour cette raison;

- le déclin des ressources renouvelables se vérifie dans tous les domaines : eau, érosion des sols, stocks de poisson. La situation est préoccupante. Ainsi, 74 % des actes de pêche relèvent de la surexploitation des stocks existants. La déforestation mondiale, pour sa part, touche 10 millions d'hectares par an, soit 1/5ᵉ de la surface de la France environ;

- la désertification concerne déjà un tiers des terres émergées et progresse dangereusement;

- la pollution porte atteinte à la santé et à la biodiversité. Elle touche l'air, l'eau et les sols. Si les catastrophes industrielles frappent l'opinion publique (Tchernobyl, Bhopal, l'*Erika,* etc.), la pollution au quotidien est souvent encore plus grave. Par exemple, le dégazage en mer pollue dix fois plus que les marées noires ;

- la réduction de la biodiversité : 16 000 espèces sont menacées de disparition à court terme et figurent sur la liste rouge de l'*International Union for Conservation of Nature (IUCN)* à la fin 2004. Dans ce cadre, 30 % des récifs coralliens ont déjà disparu et 20 % sont malades.

En bref, nous vivons au-dessus des capacités de la planète. Nous prélevons plus qu'elle ne peut offrir et rejetons plus qu'elle ne peut absorber. Si toute l'humanité vivait comme les Américains, il faudrait cinq planètes, comme les Européens trois planètes[2].

Insistons bien sur le fait que cette réalité concerne vraiment toute l'humanité : l'ouragan de 1999, les inondations en baie de Somme en 2001, puis dans les Bouches du Rhône en 2003 ont coûté environ

---

1. Anne-Marie Sacquet, *Atlas Mondial du développement durable,* éd. Autrement, coll. «Atlas monde», 2006.
2. D'après le site du WWF : www.worldwildlife.org

80 milliards d'euros. La canicule (comme durant l'été 2003) va devenir un phénomène de plus en plus fréquent en France. Les problèmes de pollution de l'air, de l'eau, des sols nous concernent également au premier chef (Prestige, Metaleurop, etc.).

Au plan humain, la situation n'est pas plus reluisante[1]. Simplement, nous y sommes plus habitués. Certes, la faim dans le monde recule (en 2005, 800 millions de personnes avaient faim, soit 17 % de la population mondiale contre 37 % en 1970), ce qui est une source de satisfaction. Mais celle-ci est bien limitée car, dans presque tous les autres domaines, la situation est catastrophique :

- l'eau : 1,3 milliard d'êtres humains n'ont pas accès à de l'eau potable, 4 milliards ne sont pas raccordés à un réseau d'assainissement, soit deux tiers de l'humanité ;

- la santé : 1,7 milliard de personnes sont infectées par la tuberculose, maladie pourtant curable à peu de frais. 82,6 % du marché mondial des médicaments sont concentrés entre les États-Unis, l'Europe et le Japon, soit sur environ 15 % de la population mondiale ;

- la pauvreté : 2,4 milliards d'individus sont pauvres et vivent avec moins de 2 €/j, 1 milliard sont sans-abri.

Par ailleurs, on notera que :

- 20 % de la population mondiale de plus de 15 ans est analphabète ;

- 25 % des enfants de 5 à 14 ans travaillent dans des conditions terribles ;

- les femmes ne détiennent que 1 % de la richesse mondiale et gagnent 25 % de moins que les hommes ;

- l'écart entre pauvres et riches augmente. Le revenu moyen dans les pays riches était 12 fois supérieur au revenu observé en Afrique subsaharienne en 1970, il est 20 fois supérieur aujourd'hui.

Cette misère n'exclut pas la France, bien qu'elle fasse partie des pays les plus riches du monde :

- 5 % de la population française est mal logée ;

- entre 7 et 10 % des Français sont pauvres (dont un million d'enfants).

- etc.

---

1. *Ibid.*

Le développement durable n'est ni de droite, ni de gauche. Il n'est la propriété d'aucune ONG, ni d'aucun groupe de pression. Le développement durable est œcuménique par définition. Il consiste à chercher toutes les voies et tous les moyens pour permettre aux générations présentes de vivre décemment sans interdire cette faculté aux générations futures, comme l'indique la définition de l'Onu. Que chacun, dans ce cadre, propose ses solutions, que toutes les sensibilités s'expriment et que tous les hommes de bonne volonté se mettent en mouvement. Voilà ce que le concept de développement durable réclame en premier lieu.

En regard de l'urgence de la situation planétaire, fort heureusement, la prise de conscience s'enracine partout et de plus en plus. Mais, objectivement, les actions d'aujourd'hui ne sont pas à la hauteur des défis. Acteurs économiques, politiques, citoyens, nous avons tous le « nez dans le guidon » et nous cherchons essentiellement à défendre nos privilèges. Ainsi, par exemple, le transport ne cesse de croître, notamment le transport aérien de loisir qui est le moyen de transport le plus polluant : « Une île du Pacifique est en train de passer sous le niveau de la mer à cause du réchauffement ? C'est très ennuyeux, mais on ne va quand même pas remettre en question nos vacances à la Guadeloupe ! », « Un troisième aéroport en Île-de-France ? Certainement pas et surtout pas au bout de mon jardin ! Toutefois, nous partirons le plus souvent possible en vacances en avion, le dépaysement, c'est tellement bon ! »

Alors que les actions sont encore très limitées, ce sont des grands changements qu'il faudrait engager. Ayons conscience que le protocole de Kyoto, par exemple, n'est que le résultat d'un marchandage entre États qui fixent le niveau annuel d'émission de gaz à effet de serre dans l'atmosphère à un seuil légèrement inférieur à celui de 1990. Mais, pour enrayer vraiment le phénomène de réchauffement[1], il faudrait diviser nos émissions d'un facteur 2,5 à 5 !

Voterions-nous pour des politiques qui nous proposeraient un vrai programme de développement durable ? Irions-nous remplir nos caddies dans un hypermarché 100 % équitable, moins bien achalandé et plus cher ?

---

1. Convention cadre des Nations unies sur le changement climatique.
   Troisième rapport du GIEC.

Quel est donc le parti politique qui prendrait le risque de parler vrai ?

Même si nos propos peuvent déranger, il ne s'agit en rien d'un discours anticapitaliste. Il faut sortir de la pensée unique. Qu'y a-t-il, en effet, de compliqué à envisager le mariage entre, d'une part, la création de richesses, la libre entreprise, les finances et le capital (sans lesquels les investissements sont inenvisageables) et, d'autre part, le respect de l'environnement et d'autrui à l'échelle mondiale ? Est-ce demander un effort d'imagination surhumain que d'en percevoir la faisabilité, même si elle n'est pas instantanée ? Nous verrons plus bas que ce mariage est possible et même souhaitable d'un point de vue strictement capitaliste.

Développement durable : l'état des pratiques en 2005 dans les entreprises françaises

Il existe depuis plusieurs années un engagement croissant des entreprises françaises en faveur du développement durable. Celui-ci résulte de plusieurs paramètres.

En premier lieu, depuis 2002, la loi NRE impose aux groupes cotés de rédiger un chapitre relatif à leur responsabilité sociale et environnementale dans leur rapport annuel. Même si cette contrainte est bien légère, elle n'est pas nulle car le mensonge n'est pas accepté sur les marchés financiers. Il faut présenter des informations exactes. En outre, il est impossible de redire tous les ans la même chose, ce qui pousse à progresser. Enfin, les grands groupes doivent montrer que tous leurs partenaires sont responsables sur le plan social et environnemental (sinon, il est très facile d'être éthique, il suffit d'externaliser les basses besognes). Ce dernier point crée un effet d'entraînement dans toute la sphère de fournisseurs qui gravitent autour des grands groupes.

En deuxième lieu, plusieurs ONG ont mis les grands groupes sous surveillance et n'hésitent pas à prendre l'opinion publique à témoin. Avec des réactions violentes (et parfois peu pertinentes), certaines entreprises sont ainsi montrées du doigt par le grand public et des groupes de pression appellent même au boycott (comme ce fut le cas, par exemple, pour Total après le naufrage de l'*Erika*). La Bourse a tendance à anticiper et à amplifier tous les phénomènes socio-économiques. Si, pour un groupe donné, une baisse des ventes pour des raisons de réputation ou de boycott est possible, les marchés financiers, par anticipation, sanctionnent le titre dont le cours plonge. C'est ce qui s'est produit pour

Danone en 2001, suite au plan social chez LU[1]. Par conséquent, tous les investisseurs institutionnels prennent très au sérieux le risque de réputation. Les politiques de responsabilité sociales et environnementales sont, de ce fait, suivies avec soin par la plupart des fonds d'investissements et pas seulement par les fonds éthiques.

En troisième lieu, les fonds éthiques (qui n'investissent que dans des entreprises éthiques) montrent en moyenne une performance économique au moins aussi bonne que les autres fonds. Si la responsabilité sociale et environnementale ne dégrade pas la performance économique, pourquoi rester à l'écart? C'est un raisonnement que font plusieurs dirigeants.

En dernier lieu, ne l'ignorons pas, les dirigeants et les actionnaires ne sont pas dénués de valeurs. Spontanément, un nombre certain d'entreprises petites ou grandes s'engagent dans la voie du développement durable, parce que les dirigeants qui se trouvent à leur tête sont aussi des parents responsables et des hommes de bonne volonté.

La dynamique est donc positive. Lafarge, Danone, Axa, la Société Générale et bien d'autres grandes entreprises françaises ont des politiques de développement durable très sérieuses. Les PME ne sont pas en reste: d'après une étude réalisée par l'ONG belge CSR-Europe, 50 % des PME européennes ont également mis en œuvre, au moins partiellement, une politique de responsabilité sociale et environnementale. Mais, comme nous l'avons indiqué précédemment, les actes ne sont pas en rapport avec les enjeux. Il faudrait aller plus loin et plus vite. Considérons que le mouvement est toutefois enclenché et parions sur son accélération.

Développement durable et performance économique

Lorsque quelques pionniers, souvent issus du monde universitaire ou associatif, ont commencé à parler du développement durable en France

---

1. De notre point de vue, le plan social de LU était toutefois nécessaire et très humain; l'opinion publique n'est pas toujours clairvoyante. Pour Total, le cours de Bourse n'a pas chuté car le risque de baisse des ventes d'essence à la pompe, malgré l'appel au boycott, était quasi nul, compte tenu du besoin énergétique et de la position de ce groupe en France sur ce marché. On peut en déduire que quelques rares secteurs comme celui de l'énergie, en France, sont très peu sensibles au risque de réputation et jouissent d'une sorte «d'impunité médiatique». Mais les entreprises dans ce cas sont rares.

dans la seconde moitié des années 1990, la réaction des dirigeants et des entrepreneurs a souvent été la même : *« Vous n'avez pas conscience de la difficulté de faire vivre une entreprise. Si vous voulez détruire le tissu industriel du pays, continuez comme ça. Ajoutez des contraintes aux contraintes, on va déjà essayer de survivre aux 35 heures. »*

Cette réaction part de constats très justes. Seuls les dirigeants savent à quel point il est difficile, risqué et stressant de développer une entreprise. Cela échappe à beaucoup.

Il apparaissait dès lors essentiel pour tous les acteurs engagés dans le développement durable de chercher à montrer que ce nouveau sujet n'était pas qu'un centre de coûts mais qu'il pouvait aussi être une source d'enrichissement pour l'entreprise.

À ce jour, après de nombreuses études[1], le résultat est mitigé. La responsabilité sociale et environnementale n'améliorerait ni ne dégraderait la performance économique de l'entreprise (voir ci-dessous). C'est un résultat encourageant : globalement, l'éthique ne coûte pas[2].

Dans les paragraphes qui suivent, nous présentons des exemples et des travaux qui montrent que le développement durable peut rimer avec performance économique. Les situations où la responsabilité sociale et environnementale entraîne des surcoûts existent aussi, mais elles sont faciles à envisager. Nous n'en parlerons donc pas.

Quelques travaux théoriques ou études macro-économiques

Théorie des jeux

Des travaux scientifiques, dans le domaine de la théorie des jeux, ont montré que la solidarité et la loyauté étaient globalement plus bénéfiques que les comportements individualistes et la trahison. C'est notamment la conclusion de travaux réalisés par les chercheurs Jean-Pierre Delahaye et Philippe Mathieu et relatés dans deux articles[3].

---

1. Rapport de l'Inspection des finances, étude de l'Orse notamment.
2. *Cf.* chapitre 7, « L'émergence du concept de valeurs partenariale », in Gouvernement d'entreprise et communication financière, Bernard Marois, Patrick Bonpoint).
3. « L'altruisme récompensé ? », in *Pour la Science,* novembre 1992. « L'altruisme perfectionné », in *Pour la Science,* mai 1993.

Ces travaux sont basés sur le dilemme du prisonnier : deux soldats sont faits prisonniers alors qu'ils sont en mission en terrain ennemi. Ils sont placés dans deux cellules séparées et ne peuvent pas se parler. On indique à chacun que :

- s'il révèle le but de la mission et donne des renseignements, il sera gardé prisonnier dans des conditions très favorables, tandis que l'autre sera mis au cachot et torturé ;
- s'il se tait et que l'autre se tait, ils seront tous deux gardés prisonniers dans des conditions décentes ;
- si les deux renseignent, ils seront tous deux mis au cachot.

Ce dilemme montre que les deux prévenus ont intérêt à rester solidaires, bien que chacun ait personnellement intérêt à trahir son ami. Les articles relatent des expériences au cours desquelles le dilemme du prisonnier est réitéré un grand nombre de fois entre des protagonistes.

Le résultat de ces expériences montre que les individus loyaux sortent gagnants de l'exercice. Ainsi, la conclusion de ces travaux est la suivante : *« Il vaut mieux être bon que méchant, indulgent que rancunier, réactif qu'insensible… »*

Dans son livre *L'effet loyauté*, Frederick F. Reichheld[1] apporte une preuve concrète de l'application de ce dilemme : les entreprises loyales envers leurs clients, leurs actionnaires et leurs salariés sont globalement plus performantes que les autres.

Expérience des fonds éthiques

Les fonds éthiques existent depuis 1920 environ. Les premiers fonds sont américains (Église méthodiste américaine et les Quaker's) et c'est en Amérique du Nord qu'ils connaissent le plus fort développement. En Europe, le premier fonds éthique anglais a été créé en 1984 et le premier fonds français en 1992.

L'investissement éthique représente environ 13 % des placements réalisés à New York, mais moins de 2 % à Paris. Il connaît toutefois en ce moment une croissance exponentielle en France, puisqu'il a presque doublé entre 2004 et 2005 et a été multiplié par six en six ans, selon l'agence Novethic[2]. Il y a plus de 120 fonds éthiques recensés en France et les encours correspondent à un montant de 10 milliards d'euros fin 2005.

---

1. Frederick F. Reichheld, *Effet loyauté,* éd. Dunod, coll. «Stratégie», 1999.
2. Agence Novethic, *Fonds éthiques en France :* www.novethic.fr/novethic/site/index.jsp

Toutes les observations effectuées sur ces fonds sont encourageantes. En effet, leur performance[1] globale n'est pas moins bonne que celle des fonds traditionnels.

L'indice DSI 400 (Domini Stock Index) qui intègre la performance des valeurs éthiques montre, lui aussi, une bonne tenue au New York Stock Exchange par rapport au Dow Jones.

Développement durable et création de valeur : expériences de PME

Après ces informations théoriques ou globales, les exemples ci-dessous[2] montrent, de manière très appliquée, que le développement durable peut engendrer des économies.

Entreprise Duwicquet, Duisans, travail des métaux

Projet : condensation de vapeur de trichloréthylène, issue d'un bain de dégraissage par piégeage cryogénique.

Avantages : réduction de 70 % des rejets de vapeur de trichloréthylène, ambiance plus saine dans les ateliers, économie en eaux de forage.

Rentable au bout de deux ans.

Entreprise Bohin, L'Aigle, travail des métaux

Projet : récupération de nickel par électrodialyse.

Avantages : passage de la consommation de nickel de $1,3\ M^3$ par semaine à $1,3\ M^3$ par an ; très faible consommation d'électricité.

Rentable au bout de deux ans.

Cartonnerie Cascades, Blendecques, industrie du papier

Projet : récupération d'effluents de couchage par ultrafiltration.

Avantages : récupération et recyclage d'effluents ; cette initiative évite la mise en décharge de 800 tonnes de déchets par an et le traitement à la chaux (achat de 600 tonnes et rejet de 200 tonnes de boue).

Rentable au bout de trois ans.

---

1. *Ibid.*
2. Le développement durable quels enjeux pour les PME ? Étude de l'Orse.

Legrand, Limoges, industrie électrique

Projet : électrolytes en galvanoplastie par électrodialyse.

Avantages : diminution d'effluents, économies de matières premières (récupération d'un kilo de cuivre, d'un kilo d'argent et d'un kilo de nickel par heure).

Rentable au bout de quatorze mois.

Alliance agroalimentaire, Toulouse, laiterie

Projet : traitement des eaux blanches par ultrafiltration.

Avantages : récupération d'un équivalent de 327 000 litres de lait par an, recyclages de protéines récupérées, économie d'eau.

Rentable au bout de dix-neuf mois.

Au final, ces exemples, dans lesquels la performance économique et le développement durable font bon ménage, doivent être mis en balance par rapport aux situations où ce n'est pas le cas. De ce fait, l'action du dirigeant au quotidien peut être présentée, compte tenu de son caractère rentable ou non et responsable ou non, selon le schéma ci-dessous.

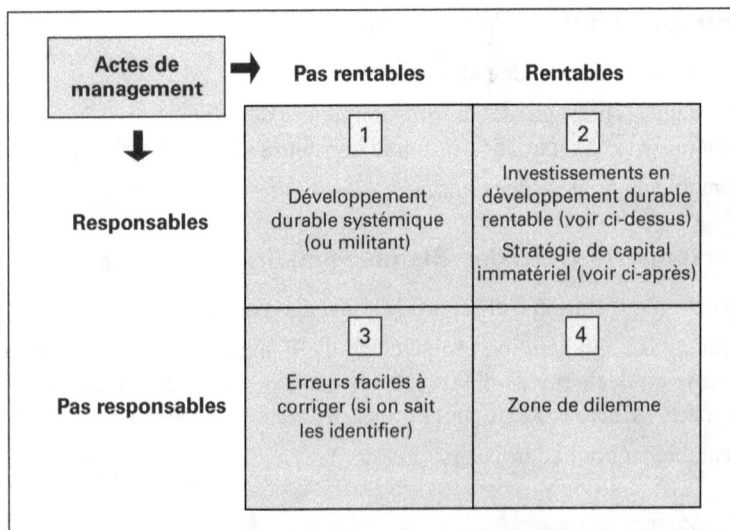

Figure 11.1 : Rentabilité et responsabilité des actes de management.

Avoir conscience de cette petite matrice est, pour le manager, un premier pas important vers un comportement responsable :

- il peut ainsi, dans la mesure des moyens de son entreprise, engager des actions de développement durable non rentable (par exemple, financer un projet humanitaire) mais il ne doit pas s'y engager trop. Ce n'est pas sa vocation et cela pourrait fragiliser son entreprise ;

- il doit se mettre le plus souvent possible dans la deuxième case du schéma, comme le font les PME précitées ;

- il doit éviter au maximum la troisième case ;

- il doit, en conscience, gérer le plus souvent possible les dilemmes, qui ne manquent pas de se poser entre rentabilité et responsabilité, en faveur de la responsabilité. Mais soyons réalistes : ce n'est pas toujours possible. Voici un exemple qui illustre parfaitement une situation de dilemme pour le dirigeant : dans une situation de retournement économique très brutal, une PME licencie un cadre dirigeant, Georges, peu après l'avoir embauché. Il avait été recruté pour conduire le développement de nouveaux produits, mais le contexte économique ayant changé du tout au tout, l'entreprise ne peut plus prendre le risque de lancer ce projet de développement dont le retour sur investissement est incertain. Il n'y a pas d'autre poste à offrir à Georges et son salaire est élevé. Le contrat de travail est interrompu en période d'essai. Cette situation est douloureuse car ce directeur avait quitté une position très satisfaisante dans une grande entreprise pour travailler dans cette PME.

Voici donc un vrai dilemme : l'entreprise, si elle se sépare de son nouveau collaborateur à qui elle n'a rien à reprocher, faillit à sa parole. Mais si elle le garde, elle met en péril son équilibre économique alors que le contexte devient difficile.

Le capital immatériel à la rescousse du développement durable

Si le développement durable apparaît globalement sans impact négatif sur la performance des entreprises, cela peut sembler suffisant pour qu'il se déploie partout. Pourtant, ce déploiement est lent. Cela s'explique par le poids des habitudes, la pression du court terme et, surtout, par la nécessité d'investir pour passer d'un modèle économique classique à un management intégrant le développement durable. Or, qui dit investissement dit prise de risque. Un retour sur investissement n'est jamais acquis a priori.

Le capital immatériel apporte, dans ce contexte, une contribution précieuse à l'argumentaire en faveur du développement durable. Il offre, en effet, un très convaincant faisceau d'indices et de présomptions qui tendent à prouver que le développement durable est vraiment créateur de valeur et non simplement neutre de ce point de vue.

Si ce lien positif n'a pas été mis en lumière jusqu'à ce jour, c'est parce que les premières études ont ignoré un paramètre majeur. Nous allons révéler cette lacune, en analysant les différences fondamentales entre le point de vue du financier, celui de l'analyste de responsabilité sociale et environnementale et, enfin, celui du capital immatériel.

Comme le montre le schéma 11.2, pour le financier, l'entreprise se décompose en un ensemble de volumes et d'équilibres comptables. Les clients sont des revenus et des créances au bilan, les salariés sont une charge, les actionnaires sont des fonds à rémunérer, etc.

	Questions clés	Clients	Salariés	Actionnaires	Fournisseurs	Environnement
Analyse financière	Quels volumes ? Quels équilibres ?	revenus créances	charges	fonds à rémunérer	charges dettes	parfois une charge
Notation RSE	Que fait l'entreprise au profit de ses parties prenantes ?	qualité satisfaction éthique	respect salaires conditions de travail	gouvernance transparence	équité vigilance	protection précautions
Approche Capital Immatériel	Quelle est la valeur des parties prenantes pour l'entreprise ?	fidélité santé rentabilité	fidélité compétence motivation	maturité patience	loyauté qualité	valeur emplacements et ressources

Figure 11.2 : Vision de l'entreprise selon l'analyste financier, l'analyste de développement durable et l'analyste de capital immatériel.

L'analyste de développement durable étudie, pour sa part, la manière dont l'entreprise écoute ses parties prenantes et agit en leur faveur :

- que fait l'entreprise pour ses clients ? Les respecte-t-elle, leur sert-elle des produits de bon rapport qualité-prix, non dangereux, respecte-t-elle ses engagements contractuels ?

- que fait-elle pour ses salariés ? Les respecte-t-elle, leur verse-t-elle des salaires décents, s'assurent-elle que les conditions d'hygiène, de sécurité, de confort au travail sont satisfaisantes ? Se préoccupe-t-elle de leur employabilité à long terme ?

- que fait-elle pour ses actionnaires ?

- comment traite-elle ses fournisseurs (est-elle équitable et vigilante) ?

- quelle est sa politique environnementale ?

- quel est enfin son engagement pour la société civile ?

À ce stade, de bons résultats dans ces deux domaines ne permettent pas de conclure à une performance économique durable. En effet, pour que celle-ci soit durable, il faut, certes, une bonne situation financière, mais aussi de bons actifs immatériels, comme l'ont montré les précédents chapitres. Pouvons-nous conclure, parce que l'entreprise soigne ses parties prenantes qu'elle a de bons actifs immatériels ? Pas du tout.

Une entreprise peut faire beaucoup pour ses salariés et avoir un piètre capital humain. De même, elle peut être irréprochable avec ses clients et avoir un mauvais capital client. En aucun cas, le fait que l'entreprise s'engage pour ses parties prenantes n'apporte la garantie que ces dernières ont une bonne valeur latente pour l'entreprise (en d'autres termes, que l'entreprise ait de bons actifs immatériels). La RSE n'est donc pas une condition suffisante à la performance économique durable.

Pour remplir plus complètement les conditions de la performance durable, il faut donc intégrer la création de valeur intangible. L'entreprise aura une performance économique durable si sa santé financière et ses actifs immatériels sont bons. Existe-t-il alors un lien entre création de richesse et développement durable ? OUI !

Il est, en effet, hasardeux de prétendre développer son capital client, si on se moque de ses clients. Il est peu probable que l'on puisse se constituer un bon capital humain, si on ne respecte pas ses salariés (à la première occasion, les meilleurs partent). Bref, dans une économie post-industrielle, la création de valeur immatérielle, qui préfigure la création de valeur tout court, passe obligatoirement par la responsabilité sociale et environnementale.

Le développement durable est une condition nécessaire, mais non suffisante, à la performance économique durable. Il est donc possible de trouver des entreprises éthiques peu performantes, car elles n'ont pas su se constituer de bons actifs immatériels. Il y a, en revanche, une forte probabilité pour que les entreprises qui ne sont pas respectueuses de leurs parties prenantes aient du mal à réunir les conditions de leur performance durable.

Ce positionnement semble plus pertinent que celui développé par les Anglo-Saxons : «*Ethic pays*». Comme les études récentes l'ont montré, ce n'est pas toujours le cas. Grâce à l'éclairage du capital immatériel, on comprend pourquoi.

Ce lien entre développement durable et création de valeur est par ailleurs largement suffisant pour susciter son fort déploiement car, ici, nécessaire veut dire indispensable. *In fine,* le capital immatériel se place comme le chaînon manquant entre développement durable et performance économique.

Chapitre 12

Dématérialiser l'économie : un autre lien entre capital immatériel et développement durable

Un coup de blues (par Alan Fustec)

Depuis le quarantième étage d'une tour de La Défense, je regarde, par un matin d'automne, le boulevard circulaire qui s'enroule autour du quartier d'affaires. Puis, en me retournant, je vois l'avenue du Général-de-Gaulle qui conduit jusqu'à la porte Maillot. Il est 8 h 30 et un torrent ininterrompu de voitures se déverse de la capitale dans ma direction, encercle les tours puis semble repartir vers son point d'origine.

Ce flot dense, bruyant et lumineux me donne le vertige, bien plus que la hauteur des étages. C'est comme ça tous les jours, partout à Paris, partout en France, partout dans le monde, et il faudrait, pour préserver notre planète et les conditions de vie de nos enfants, changer tout cela. L'inertie du mouvement dont je suis témoin me donne un gros coup de blues. On ne va pas y arriver.

Qui le souhaite ? Qui, au-delà des incantations politiquement correctes, est prêt à passer à l'action ? Changer tout cela, ce serait remettre en cause tout le modèle occidental : la société de consommation et son cortège de gaspillages.

Nous sommes trop attachés à notre confort, à notre pouvoir d'achat. La consommation, nous savons tous qu'elle ne rend pas heureux, mais nous l'avons voulue depuis des siècles ! Et les pays émergents n'aspi-

rent pas à autre chose. Ils y viennent à grand pas. À défaut d'avoir trouvé le bonheur, nous avons au moins le confort, le plaisir, les distractions... des drogues, diront les sages. Probablement. Mais si la planète doit devenir sage pour assurer les conditions de sa survie, nous pouvons tous être très pessimistes!

Évoluer vers une économie immatérielle

Y a-t-il une issue dans ce cas?

Nous avons souligné au chapitre 11 que le développement durable, tel qu'il est envisagé et pratiqué aujourd'hui, constituait une sorte d'avant-propos, comparé aux défis que l'humanité doit relever demain.

Dès 1972, le Club de Rome présentait sa vision des limites du modèle économique occidental. Envisager une croissance illimitée dans un mode fini pose, en effet, un réel problème à tout esprit logique.

Même si certaines conclusions du rapport Meadows n'ont pas été vérifiées, il montrait, longtemps à l'avance, une évolution dont nous vérifions aujourd'hui la véracité.

L'avenir si on ne fait rien.

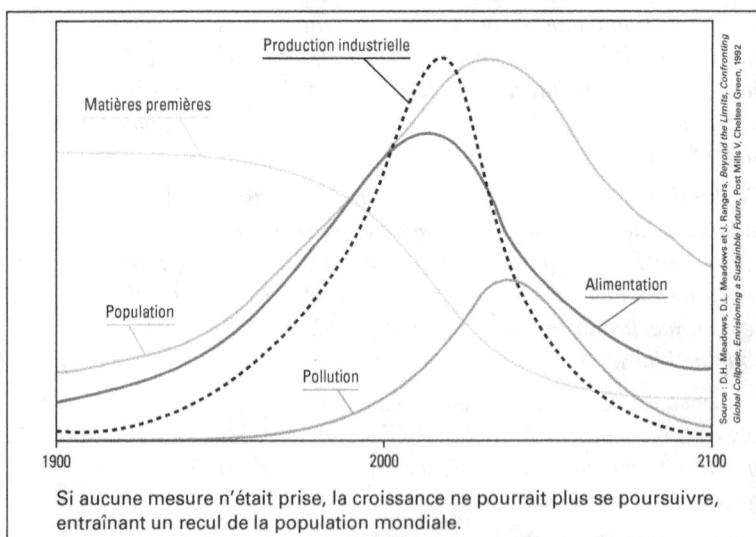

Si aucune mesure n'était prise, la croissance ne pourrait plus se poursuivre, entraînant un recul de la population mondiale.

Figure 12.1 : Précisions à long terme du rapport Meadows au rythme du développement du début des années 1970.

Le scénario «développement durable»

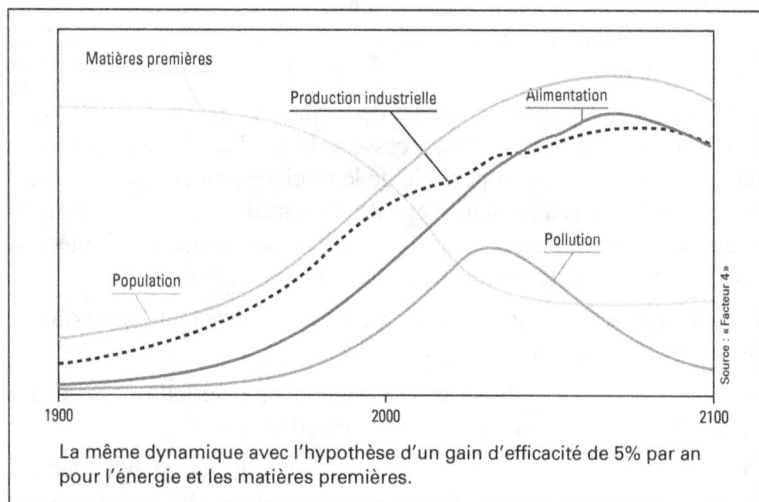

La même dynamique avec l'hypothèse d'un gain d'efficacité de 5% par an pour l'énergie et les matières premières.

Figure 12.2 : Scénario du développement durable selon le rapport Meadows.

Ces travaux montrent bien le caractère insuffisant du développement durable qui ne fait que retarder l'échéance. C'est sur ces bases que se développe le discours des partisans de la décroissance soutenable. Selon le modèle du «facteur 4» : nous devons (et nous pouvons) satisfaire nos besoins avec quatre fois moins d'énergie et de matières premières. C'est possible, mais il faut pour cela :

- «dé-carboniser» massivement l'économie ;
- recycler les matières premières dans des proportions que nous n'envisageons pas à ce jour ;
- dématérialiser l'économie et repenser la mobilité ;
- repenser la ville, notamment l'habitat ;
- etc.

Société immatérielle

L'économie tout entière devient de plus en plus immatérielle, comme nous l'indiquions dès l'introduction. Cela signifie qu'une tendance ne cesse de se confirmer : la création de richesse se fonde de plus en plus sur des services, de l'intangible, de l'impalpable.

Telle nous semble être la voie du milieu entre un développement économique aveugle, qui nous conduit à notre perte, et des formules spartiates ou brutales, que refuseront ceux qui ont goûté à la société de consommation.

Contrairement au discours radical de certains partisans de la décroissance soutenable, qui veulent «casser» le modèle économique dans lequel nous vivons, il est possible de le réorienter en poussant (énergiquement) le consommateur vers de l'immatériel et en limitant la consommation de biens matériels. En effet, la croissance illimitée est possible, mais uniquement dans le domaine immatériel.

Cette réorientation constitue un immense défi, qui semble accessible si on accepte de raisonner à long terme.

À qui pourrait ressembler cette économie immatérielle dans 50 ou 60 ans? Rêvons un peu, nous sommes en 2065[1] :

Dans cette économie, les biens sont taxés lourdement, tandis que les services ne le sont pas. La TVA a progressivement été remplacée par deux taxes : la TVM (taxe sur la valeur matérielle) à 40 % et la TVI (taxe sur la valeur immatérielle) à seulement 5 %. Seul les biens matériels qui sont vecteurs de services immatériels ne sont pas taxés : ordinateurs, téléviseurs, téléphones, etc.

Depuis des années le discours sociopolitique en France a été : travailler moins, vivre avec moins, vivre mieux. Après de multiples péripéties, le principe de base des 35 heures a été abrogé en 2018, car il était soustendu par une logique consumériste intenable : travailler moins mais gagner plus. Cette réforme a permis de renforcer la compétitivité des entreprises française dans le concert mondial. En revanche, l'organisation du travail a été revue et le temps choisi a été promu.

En 2065, les signes extérieurs de richesse ne sont plus les mêmes qu'en 2005. Sponsoriser un club de foot, une troupe de théâtre ou un groupe de musique sont devenus les preuves de la réussite la plus éclatante. Ce sont LES signes extérieurs de richesse. En revanche, collectionner les voitures ou les toilettes sont des signes de vulgarité.

Sur le plan de la consommation, les services à la personne sont plébiscités : soins du corps, esthétique, amélioration du logement, travaux ménagers. La consommation de biens matériels est ralentie. Pour

---

1. Les paragraphes qui suivent illustrent le futur à construire. Il ne s'agit pas d'un exercice approfondi et complet de prospective ou de futurologie.

le plus grand nombre, le maître mot est désormais : faire durer (appa-
reils électroménagers, meubles, voitures, etc.). L'ancien est valorisé
partout. De même qu'on considère qu'un vin de quinze ans d'âge est
meilleur qu'un vin jeune, on paie plus cher pour avoir de vieux meubles, de vieilles voitures ou de vieux vêtements. La mode est au vieux
depuis une quinzaine d'années, ce qui semble aberrant aux personnes
nées avant l'an 2000.

Sur le plan des loisirs, tout ce qui est immatériel est également
valorisé : sports non mécaniques, activités culturelles, jeux de société.

Au niveau de l'habillement, une petite révolution a eu lieu, il y a
dix ans. Grâce au progrès réalisés dans le domaine du textile, les tissus
proposés sont à la fois résistants et intelligents. Les nanotechnologies
et le génie génétique ont fait des miracles. Votre tailleur est maintenant
inusable et extensible (il s'adapte à vos variations de poids). Vous pou-
vez, en outre, grâce à un petit ordinateur de quelques grammes accro-
ché à sa ceinture faire varier sa forme, le motif imprimé sur le tissu et
les couleurs de celui-ci. Après des années de galère, les entreprises
Rodier et Bull se sont mariées pour donner naissance à R & B, géant
mondial du vêtement intelligent et du design français. Lorsque vous
voulez changer d'apparence, vous n'achetez plus un nouveau vêtement, vous faites l'acquisition d'un nouveau programme ! Le petit
ordinateur de votre vêtement se connecte à Internet et vous téléchargez
les programmes qui reconfigurent vos habits. Il y en a pour tous les
prix. Ces derniers varient pour l'essentiel en fonction du nom du desi-
gner.

Au niveau du marketing et de la publicité, le volume des annonces et
des messages est toujours aussi important. Mais il a été presque totalement dématérialisé. La publicité est télévisuelle, elle est aussi très
importante sur Internet. Certaines annonces concernant les biens de
grande consommation, émanent des entreprises de grande distribution
et sont transmises par courrier électronique. Elles s'affichent directement dans la cuisine sur l'écran du réfrigérateur, ce qui permet de com-
mander en ligne. Grâce à ce système, les quarante kilos annuels de
documentation publicitaire qui encombraient les boîtes aux lettres dans
les années 2000 sont réduits à presque rien.

Pour les enfants, les jouets ont également évolué vers de l'immatériel.
Ainsi, l'industrie des jeux vidéo est plus florissante que jamais. Elle a
connu un nouvel essor grâce à la réalité virtuelle en ligne sur Internet

3D, où, grâce à un casque et à des gants, les joueurs se meuvent dans des univers virtuels et vivent en simulation des aventures passionnantes. En revanche, l'industrie du jouet matériel a connu un sévère déclin depuis trois ou quatre décennies.

Les pratiques alimentaires de 2065 n'ont plus grand-chose à voir avec celles de 2000. Le savoir manger est devenu un art très populaire. Le citoyen français a ralenti sa consommation de protéines animales, consomme plus de végétaux. La nourriture hyper calorique et hyper lipidique a cédé la place à des produits plus équilibrés. Savoir consommer les produits de saison est une valeur partagée par beaucoup de Français. Ceux qui persistent à consommer des fraises à Noël sont mal jugés. Leur prix est, en outre, devenu exorbitant avec l'augmentation du prix des transports, depuis le déclin de la production pétrolière de 2012.

Les personnes célèbres ont joué un rôle essentiel dans ces modifications socioculturelles. À partir de 2015, le Collectif pour la Dématérialisation de l'Économie a rassemblé un grand nombre de stars qui ont, à force d'exemples, très fortement influencé l'opinion, notamment les jeunes générations.

Il a également fallu beaucoup de temps pour que les grands dirigeants du pays, politiques ou économiques, acceptent la viabilité de ce nouveau paradigme économique. Pour beaucoup de personnalités influentes, l'économie ne pouvait être massivement immatérielle.

Fort heureusement, la preuve est venue du terrain. Le passage de la consommation matérielle à la consommation immatérielle n'a pas tari l'envie de consommer. Le dynamisme économique s'est donc maintenu. Le citoyen occidental ne se lève plus le matin pour se rendre au travail afin de s'offrir une voiture neuve. Il se lève pour s'offrir un service de ménage et disposer de plus de temps libre avec son épouse.

L'économie de la location, indispensable pour passer à l'économie immatérielle

Tout ce que décrit le paragraphe précédent semble plus réaliste (et plus enviable) qu'un principe de décroissance soutenable et, pourtant, on n'y croit pas vraiment. Ce scepticisme ne vient pas de la forte évolution requise. Elle s'étalerait sur plusieurs décennies, si la volonté politique était là. C'est envisageable. En revanche, on imagine mal que les entreprises vendeuses de biens se laissent faire. Nul doute que de puissants lobbys mettraient tout en œuvre pour éviter la lourde taxation des biens matériels, nul doute que la stimulation du consommateur pour l'achat de biens serait maintenue.

L'économie productrice de biens est fondamentalement en opposition avec le principe du développement durable, puisqu'elle n'a d'autre projet que de vendre le plus possible. Il faut, pour que cette économie tourne, qu'en permanence les biens soient remplacés et tout est bon pour y parvenir : progrès technique, trésors de créativité dans la publicité, mesures incitatives (par exemple, les primes offertes pour renouveler sa voiture) et même obsolescence organisée. Cette dernière pratique est criante dans le domaine de l'informatique[1]. Il faut que le consommateur consomme, sinon tout s'effondre. Mais ce principe n'est pas compatible avec le développement durable.

Une voie semble toutefois très prometteuse pour permettre que notre société de consommation puisse massivement évoluer vers l'immatériel et garantisse ainsi sa pérennité. Elle consiste à passer d'une économie de l'acquisition à une économie de la location. Le jour où PSA ne vend plus ses véhicules mais les loue, les conditions sont réunies pour que la voiture devienne vraiment durable. En effet, pour un prix donné, plus la voiture durera longtemps, plus l'entreprise sera rentable. Aujourd'hui, ce n'est pas le cas. Pour que l'entreprise soit rentable, il faut qu'elle vende le plus souvent possible des voitures. Il n'y a probablement aucune impossibilité technique à concevoir des véhicules dont la durée de vie serait de soixante ans et non de quinze ans, mais le constructeur n'y a pas intérêt. Par ailleurs, le prix de la voiture ne serait probablement pas acceptable. Dans une logique de location, tout cela change.

Imaginons donc une économie où le consommateur louerait ou achèterait le service que rend un produit et non le produit lui-même. Cela permettrait de dématérialiser vraiment l'économie.

Ainsi, Dell louerait ses ordinateurs, Michelin ses pneus, Xerox ses photocopieurs (... c'est déjà le cas). On pourrait même imaginer que M. de Fursac loue ses costumes intelligents et en fasse la maintenance.

C'est uniquement dans ces conditions que l'économie peut devenir durable. Sinon, la consommation des biens matériels restera un moteur

---

1. François de Closets, Bruno Lussato, *L'Imposture informatique,* éd. Fayard, 2000.

économique puissant, mais très destructeur de ressources, jusqu'à ce que celles-ci soient taries.

Hervé Casterman[1], directeur de la délégation environnement de Gaz de France a eu cette idée avant nous : «*Le jour où Gaz de France vendra non plus du gaz mais une pièce à 19°, le groupe deviendra une entreprise de services et sa prospérité deviendra compatible avec la recherche de toutes les formes possibles de réduction de la consommation de matière première*». Ainsi, depuis plus d'un an, un projet de recherche au sein de la direction de la recherche du groupe se penche sur les principes et les mécanismes de l'économie de fonctionnalités. Nous sommes là au point de départ d'un courant de pensée économique qu'il faut développer. La vision avant-gardiste de M. Casterman pose les bases d'une nouvelle discipline de l'économie, compatible avec la définition du développement durable du rapport Bruntland et également compatible avec l'économie de marché.

Il serait urgent de consacrer des moyens de recherche et d'expérimentation à cette économie de fonctionnalités (ou économie de la location) qui, pour l'heure, n'est qu'une idée salutaire. Cousine du capital immatériel, elle seule pour l'instant semble offrir une voie durable au développement du modèle occidental.

Dématérialiser l'économie : un projet politique complexe

Qui aurait cru en 1939 que l'homme marcherait sur la lune seulement trente ans plus tard ? Probablement quelques utopistes. C'est pourtant bien ce qui s'est produit.

Notre myopie intellectuelle nous empêche souvent de nous projeter dans l'avenir et nous pousse à nous réfugier dans le scepticisme. C'est plus confortable. Rien n'est plus facile que de douter de ce qui n'est jamais arrivé.

Qui aurait cru, dans les années 1960, à l'existence d'une vraie Europe, de celle que nous connaissons aujourd'hui ? Le passage à la monnaie unique ne semblait-il pas totalement improbable il y a seulement une quinzaine d'années ? Pourtant, c'est arrivé. Mais cette grande aventure

---

1. Précédemment directeur au sein de la Direction de la Recherche de GDF de 2002 à 2005.

sociale s'est étalée sur près d'une cinquantaine d'années et n'est pas terminée.

C'est en effet Winston Churchill qui le premier parla, en 1946, des États-Unis d'Europe. Puis, ce sont les Français Robert Schumann et Jean Monnet qui en 1950 et 1951 mirent sur pied la première réalité européenne : la Communauté Économique du Charbon et de l'Acier (CECA) qui regroupait le Benelux, la France, l'Italie et la RFA. Nous connaissons les autres grandes étapes de la construction européenne :

- la fondation de la CEE, en 1957, avec la signature du traité de Rome ;

- la création de la première Union économique et monétaire, à Hambourg, en 1971 ;

- la création du Système monétaire européen en 1979 ;

- l'adoption du plan Delors, en 1989, qui pose les bases de l'Union économique et monétaire, étape essentielle à la création de la monnaie unique ;

- le traité de Maastricht en 1992 ;

- les conférences de Madrid (1995), de Florence (1996), de Dublin (1996), d'Amsterdam (1997) ;

- le premier passage à la monnaie unique en 1999 (niveau scriptural) ;

- le passage complet en 2001.

La dématérialisation de nos économies modernes est probablement un chantier de même ampleur qui réclamera une volonté politique à très long terme, peu compatible avec la périodicité des différentes élections nationales. Il y a fort à parier que ce projet présente des bénéfices à trop longue échéance pour que les formations politiques nationales s'y engagent réellement : à quoi bon engager un programme économique dont les effets positifs se feront sentir d'ici vingt ou trente ans et qui ne manque pas de poser de nombreux problèmes intermédiaires ?

C'est donc probablement à l'échelon européen qu'un tel programme peut trouver un écho, des sponsors et une volonté pérenne. Nous l'espérons vivement car il y va de notre survie, ni plus, ni moins.

Conclusion

Urgence et difficultés d'un changement de pensée

La rapidité de changement de notre environnement naturel, humain et économique constitue un défi adaptatif pour l'homme à deux niveaux.

Il n'est, en premier lieu, facile pour personne de prendre conscience que le monde a changé. L'effort demandé pour y parvenir doit être permanent et combiner accès à l'information, prise de recul et projection :

- *« Je suis dans mon jardin à Landerneau, personne ne m'a dit que la raie grise, l'ange de mer, le squale chagrin et d'autres espèces que l'on trouve notamment sur les côtes de Bretagne, de mer du Nord et d'Irlande ont perdu 95 % de leur population. Selon la Liste rouge des espèces menacées, ces poissons sont en grand danger d'extinction. Personne ne m'a dit que, toujours selon cet organisme, 16 000 autres espèces risquent de disparaître si l'on ne fait rien, parmi lesquelles l'ours blanc et l'hippopotame. »*

- *« Je suis dans mon jardin à Landerneau, j'apprends que la valeur de Dell est immatérielle à 93 %. Ça me fait une belle jambe ! ».*

- *« Même lorsque j'ai appris ces choses, puis-je dire que j'ai pris conscience de ce que cela signifie ? Non, pas nécessairement. Le week-end dernier j'ai pêché un bar de 4 kilos, c'est dire s'il reste des poissons dans la mer. La protection des animaux, il y a des organismes pour cela. Quand à la valeur immatérielle de Dell, c'est du vent. Et le vent, ça me connaît. Dans la banque où j'exerce mes fonctions à Brest, on se méfie beaucoup de ces théories fumeuses ! »*

En outre, les acteurs économiques étant devenus totalement interdépendants, l'analyse s'avère extrêmement complexe :

- *« Je suis dans mon jardin à Landerneau et j'apprends que la Bolivie nationalise ses ressources de pétrole. Quelles conséquences pour moi ? »*

Mais, en second lieu, lorsque nous avons perçu le changement, l'adaptation de nos comportements est difficile et même douloureuse car nous sommes mentalement programmés pour, en priorité, reproduire ce que nous avons appris.

Le dirigeant d'une importante société de capital investissement déclara ainsi à l'un de nous, après un exposé sur le capital immatériel :

- *« Tous cela est intéressant, mais on peut s'économiser ces investigations complexes. En ce qui me concerne, j'épluche le bilan (ça, c'est important), puis je discute avec le dirigeant. S'il est bon, alors son capital immatériel est bon ! »*

Chacun de nous a appris à penser d'une certaine manière et notre culture renforce et scelle ces acquis. Nos raisonnements sont validés par l'expérience. Le passé a apporté les preuves qu'ils étaient justes, pourquoi donc en changer ? Pourquoi se mettre à réfléchir selon de nouvelles règles, encore incertaines (mais adaptées à un monde en perpétuelle reconfiguration) ?

Il ne serait donc pas étonnant que ce livre laisse à certains lecteurs une impression bizarre : ça commence très bien avec une réelle contribution à la réflexion économique et aux pratiques du management et puis ça part dans le décor. Les considération sérieuses (finances) sont suivies par des idées fumeuses, décalées (développement durable). On pourrait se demander si ce sont bien les mêmes auteurs qui ont écrit ce livre de bout en bout. Tout cela n'est pas très cohérent, malgré les tentatives (habiles pour certaines) de marier les contraires.

Pourtant, ce changement de point de vue est indispensable. Si le monde de demain (et même celui d'aujourd'hui) nous impose un mode de raisonnement qui conduit à bouleverser nos points de repères ; s'il faut combiner des valeurs que l'on a souvent opposées par le passé, comme celles du capitalisme et celles de l'écologie, alors faisons-le. L'univers n'a que faire de nos habitudes.

Accepter la pensée complexe

Au terme de cet ouvrage, nous nous permettons d'insister sur la nécessité d'accepter le raisonnement complexe ou hybride.

Il ne s'agit pas de concevoir des pensées opaques ou incompréhensibles pour le simple plaisir de brouiller l'esprit. La pensée complexe n'exclut pas l'effort de synthèse et la recherche pour sa bonne transmission d'énoncés simples.

Voici les énoncés simples de dix pensées complexes qui résument ce livre :

- la valeur des entreprises est et sera de plus en plus immatérielle parce que l'économie suit également cette évolution ;

- nous avons besoin de nouveaux instruments financiers pour mesurer la vraie valeur des activités économiques, car les méthodes comptables, aussi rigoureuses soient-elles, ne prennent en compte qu'une part désormais minoritaire de la valeur ;

- le capital immatériel est un sujet que tout acteur économique utilise au quotidien mais selon des approches partielles, très approximatives, hétérogènes et non consensuelles. Il y a donc un décalage entre l'enjeu et l'outil et il s'ensuit des erreurs sérieuses ;

- des méthodes existent pourtant, comme le montre ce livre, pour réaliser d'importants progrès. Elles permettent des évaluations d'entreprises, mais aussi de projets et de structures à but non lucratif (incluant les États) ;

- pour créer durablement de la valeur, selon ces nouvelles règles, l'entreprise doit apprendre à rechercher le succès pour toutes ses parties prenantes et doit impérativement respecter l'environnement, sans quoi son avenir est incertain à court terme et compromis à moyen terme ;

- le développement durable est ainsi une condition nécessaire à la création de valeur dans l'économie d'aujourd'hui et de demain. En ceci, l'économie rejoint des préoccupations éthiques et humanistes ;

- c'est une grande chance pour tous les acteurs économiques de faire en sorte que l'économie soit demain au service de l'homme alors que souvent, par le passé, on a plutôt observé l'inverse.

- c'est d'autant plus important que la planète est en danger. Un grand nombre d'indicateurs environnementaux et sociaux sont déjà dans le rouge ;

- cette nouvelle donne sociétale et environnementale ne remet pas en cause le principe de libre entreprise, d'investissement capitalistique, de création de valeur et de recherche du profit, car sans investissement, l'entreprise n'est pas créée et sans profit, elle meurt ;

- pour combiner l'économie de marché et les exigences du développement durable, la voie difficile semble être le passage à une économie massivement immatérielle, ce qui prendra plusieurs décennies ;

- il nous reste le plus dur à faire : faire partager ces idées et les mettre en œuvre !

Bibliographie

Association Nationale des Directeurs Financiers et de Contrôle de Gestion, *Les normes IAS-IFRS,* Éditions d'Organisation, 2005.

Emilie Alberola, Jean-Pierre Sicard, *Le Marché français de l'ISR : Gestion collective et dédiée Particuliers, institutionnels et épargne salariale,* Publication de Novethic, 2005.Téléchargeable sur le site www.novethic.fr

Marie Ange Andrieux, Comment Valoriser son Capital Immatériel - Option Finance - 26 mars 2001.

Brian Arthur, *Competing technologies, increasing returns and lock-in by historical events,* in Economic Journal, 1989.

Serge Bayard, Agnès Pannier-Runacher, *Rapport d'enquête sur la finance socialement responsable et la finance solidaire,* Inspection générale des finances, 2002.

Anne Laure Béranger, *Le commerce en ligne en pleine forme,* in journal du net 1er octobre 2003 www.journaldunet.com

Thierry Breton, *La France face à la nouvelle donne économique mondiale,* in Le Monde, 17 Janvier 2006.

Arnaud Buisse, Sylvie Lefranc, Nicolas Sagnes - *L'écart de croissance France-zone euro observé depuis 1998 va-t-il perdurer ?* Note de la Direction des Prévisions et des Analyses du Ministère des Finances et de l'Industrie N° 22 – Déc. 2003.

François de Closets, Bruno Lussato, *L'Imposture informatique,* éd. Fayard, 2000.

Club Finance Internationale, *Création de valeur et capital immatériel,* étude n° 45, Groupe HEC, 2000.

Convention cadre des nations unies sur le changement climatique, ONU, 1992. Téléchargeable sur www.unfccc.int

Antonio Damasio, *Spinoza avait raison,* éd. Odile Jacob, 2005.

Didier Davydoff, *ASPI Eurozone, un an et demi après,* Publication de Vigeo. 2003. Téléchargeable sur le site www.Vigeo.fr

Jean-Paul Delahaye, Philippe Mathieu, «L'altruisme perfectionné», in *Pour la Science,* mai 1993.

Jean-Paul Delahaye, Philippe Mathieu, «L'altruisme récompensé?», in *Pour la Science,* novembre 1992.

Janine Delaunay, Halte à la croissance (traduction française du rapport Meadows), éd Fayard, 1972.

Al Ehrbar, *EVA,* éd. Village Mondial, 2000.

Alan Fustec, Jacques Fradin, *l'Entreprise neuronale,* Éditions d'Organisation, 2001.

Alan Fustec, Bruno Ghenassia, *Votre informatique est-elle rentable?,* Éditions d'Organisation, 2004.

Alan Fustec, Bernard Marois, *Comment évaluer le capital immatériel, Option Finances,* janvier 2006.

Alan Fustec, *Le développement durable, quels enjeux pour les PME* ?, Publication de L'Orse, 2005.

Daniel Goleman, *L'intelligence émotionnelle,* tomes 1 et 2, coll. «J'ai lu», 2003.

Kirk Hamilton et coll. *Where Is the Wealth of Nations? Measuring Capital for the XXI Century,* éd. Banque Mondiale, 2005.

John Hand and Baruch Lev, *Intangible Assets, Values, Measures and Risks,* éd. Oxford University Press 2003.

IUCN, *La liste rouge des espèces menacées* www.iucn.org/themes/ssc/redlist2006/redlist2006.htm, 2006.

Robert S. Kaplan, David P. Norton, *Le tableau de bord prospectif,* Éditions d'Organisation, 2003.

Michaël Malone, Leif Edvinsson, *Le Capital Immatériel de l'Entreprise,* éd. Maxima, 1999.

Bernard Marois, Patrick Bonpoint, *Gouvernement d'entreprise et communication financière,* éd. Economica, 2004.

Donnella Meadows, Jorgen Randers, Dennis Meadows *Limits to Growth: The 30-Year Update.* éd. Chelsea Green Publishing Company 2004.

Montesquieu, De *l'Esprit des lois* (1748), éd. Flammarion, 1990.

Orse, *Les stratégies de Développement durable nourrissent-elles la performance économique des entreprises?,* juillet 2003.

Christian Pierrat, *Immatériel et comptabilité,* in Encyclopédie de Comptabilité, Contrôle de gestion et Audit, éd. Economica.

Xavier Polanco, Ivana Roche, *Etude bibliométrique à partir de la base de données bibliographiques PASCAL : Une description de la production scientifique mondiale* in Actes des rencontres 2005 des professionnels de l'Information scientifique et technique organisé par l'INIST

Frederick F. Reichheld, *Effet loyauté*, éd. Dunod, coll. « Stratégie », 1999.

Paul Romer, *Increasing Returns and long run Growth*, in Journal of political economy 1986.

Anne-Marie Sacquet, *Atlas Mondial du développement durable*, éd. Autrement, coll. « Atlas monde », 2006.

Nathalie Samier, *De la productivité du capital humain à la performance des ressources humaines : vers une pertinence des modèles d'évaluation*, Publication de l'Université d'Angers, LARGO 1999.

Véronique Smée, *Novethic dresse le bilan 2003 de l'ISR*. Publication Novethic, 2004. Accessible sur le site www.novethic.fr

Adam Smith, *Richesse des nations*, tome 1, trad. Germain Garnier, éd. Flammarion, coll. « Garnier Flammarion », 1998.

Karl Erik Sveiby, *Knowledge Management – La nouvelle richesse des entreprises – Savoir tirer profit des actifs immatériels de sa société*, Maxima Laurent du Mesnil éditeur, 2000.

Veolia, *Rapport Annuel*, 2004.

Mathis Wackernagel, William Rees, *Notre empreinte écologique* éd. Ecosociété, 1999.

Robert T. Watson et coll, *Troisième rapport du GIEC*, Publication du Groupement Intergouvernemental d'Etude sur le Climat, 2001. Téléchargeable sur www.ipcc.ch/pub/un/syrfrench/spm.pdf

Ernst U. von Weizacker, Amory B. Lovins et L.. Hunter Lovins, *Facteur 4 - Rapport au Club de Rome* éd. Terre Vivante, 1997.

Jean-Luc Wingert, Jean Laherrere, *La vie après le pétrole*, éd. Autrement, coll. « Frontières », 2005.

WWF, *Calcul de l'empreinte écologique* www.wwf.fr/s informer/ calculer votre empreinte ecologique, 2006.

Mounir Zahran, président des parties contractantes du Gatt de 1947, *Allocution lors de la session de clôture*, OMC, Genève 12 décembre 1995 .

Index

Table des figures

www.ingramcontent.com/pod-product-compliance
Lightning Source LLC
Chambersburg PA
CBHW061309220326
41599CB00026B/4810